왜 전쟁 인가 ?

Pourquoi la guerre ?

왜
전쟁
인가
?

프레데리크 그로 지음　허보미 옮김

책세상

차례

이번에는
'진짜' 전쟁이다

2022년 2월 24일 아침, 블라디미르 푸틴 러시아 대통령이
참담한 대국민 연설을 마치고 우크라이나를 전격 침공했
을 때, 전 세계는 소스라치게 놀랐다.

물론 몇 주 전 접경지대로 집결 중인 러시아 군대의 모
습이 포착됐다. 조 바이든 미국 대통령도 전쟁이 임박했다
고 경고했다. 하지만 유럽인 가운데 정말로 전쟁이 일어날
것이라고 믿는 사람은 아무도 없었다. 키이우로 향하는 길
목에 기나긴 탱크 행렬이 이어져도, 그것은 포커 선수가 하
는 단순한 블러핑에 불과할 뿐이라고 모두가 코웃음을 쳤
다. 20세기 역사가 한차례 할퀴고 지나간 이 '유혈의 땅'[1]에
서 또다시 전쟁이 일어난다는 건 사실상 **불가능**한 일로 여
겨졌다. 하지만 그다음 벌어진 사태에 대해서라면 모두가

익히 아는 대로다. 날이 갈수록 대對러시아 제재가 강화되고, '전격전'으로 끝날 것이라 믿었던 전쟁은 교착상태에 빠졌다. 물론 러시아는 일부 우크라이나 영토를 점령하는 데 성공했지만, 상대의 거센 저항에 번번이 물러서기를 반복했다. 더욱이 서구 진영은 시간이 흐를수록 한층 더 확고하고, 대담하고, 질서정연하게 우크라이나 군대를 지원했다. 그러다 돌연 러시아가 결정적인 반격에 성공하면서 전세를 뒤집고 돈바스의 일부 점령지를 '공식' 합병했다.

2022년 2~3월 전쟁 초기의 음울한 풍경을 잠시 떠올려 보자. 수많은 인파로 발 디딜 틈 없던 기차역, 아이들을 품에 안은 넋 나간 표정의 여인들, 차창 너머로 아이들이 조막만 한 손을 흔들자 이내 참전을 위해 조국에 남기로 결정한 아버지들의 두 뺨을 타고 흘러내리던 뜨거운 눈물. 어떤 사진은 종종 흑백의 비장미까지 더해져 정말 현대의 풍경이 맞는지 시대를 가늠하기조차 힘들었다. 그리고 얼마 뒤, 이번에는 여전히 참혹하지만 조금은 다른 풍경의 사진들이 이어졌다. 폭격으로 파괴된 건물, 처참하게 파손된 도로, 길가에 늘어선 주검, 음울한 장례 행렬….

이탈리아인, 영국인, 프랑스인, 독일인, 그 누구 할 것 없이 이제는 모든 유럽인이 명백한 진실 앞에 숨통이 조이고 공포가 엄습하는 것을 느꼈다. 사람들은 저마다 중얼거렸다. "이번에는 진짜 전쟁이다." 전쟁은 더 이상 막연한 느낌이 아니었다. 확고한 사실이었다. 그에 비하면, 젠더 전쟁, 세대 전쟁, 무역 전쟁, 심리전 등 그동안 우리가 상투적으로 사용해오던 저 수많은 표현들은 그저 한낱 전쟁의 은유에 지나지 않았다.

이번에는 정말로 유럽의 동쪽 관문에서 전쟁, 진짜 전쟁이 일어났다. 우리가 국제연합UN을 창설해가며 그토록 철저히 막기를 원했던 전쟁, 야만국가나 벌이는 짓이라고 치부하던 전쟁, 수천 명의 희생자와 미망인, 고아, 폭격으로 무너진 마을, 맹렬히 전진하는 탱크, 영웅적인 저항이 실존하는 현실 속의 전쟁이 정말로 **귀환**한 것이다.

지난 세기, 우리는 이미 대리전, 게릴라전, 테러 공격, 글로벌 전쟁 등 온갖 형태의 특수한 대규모 무력 사태를 경험했다. 그럼에도 이번에 진짜 전쟁이 '귀환'했다고 강력히 확신하는 이유는 무엇일까? 가장 먼저 지난 70여 년간 이어진 일련의 유혈 분쟁 구도 안에서 현 사태를 규명해보려는 노력이 필요하다.

푸틴이 첫 연설에서 '전쟁'이라는 표현을 사용하기를 주저했던(이 문제에 대해서는 뒤에서 차차 살펴보자) 사실은 모두가 기억한다. 오랫동안 푸틴은 '전쟁'이란 용어를 금기시하고, 공식적으로는 '특별군사작전'이라는 표현을 사용했다. 이런 종류의 완곡어법은 우리에게도 이미 친숙하다. 오랫동안 서구는 해외에서 벌이는 군사작전에 대해 전쟁이란 용어 대신 '개입'이란 표현을 써오지 않았던가. 그럼에도 2022년 2~3월 이미 명백한 현실을 똑똑히 목도한 우리는 더 이상 위선적인 표현에 현혹될 수 없었다. 이번에는 전쟁이, '진짜' 전쟁이 일어난 것이다. 앞으로 이 책에서는 플라톤에서 마키아벨리, 홉스에서 클라우제비츠, 루소에서 카를 슈미트에 이르기까지 과거 전쟁에 대해 의문을 품고, 전쟁의 의미를 규명하고자 노력한 모든 사상가의 이론을 함께 살펴볼 것이다. 이들의 사상을 토대로 사람들이 진짜 전쟁이 일어났다고 생각하는 확신의 근거가 무엇인지 면밀히 분석하고, 이러한 생각이 지니는 힘을 규명하며, 무엇보다 전쟁의 형태와 성격, 본질 등에 대해 고찰해볼 것이다. 그리고 전쟁의 고전적인 3대 요소, 다시 말해 정신적인 것, 정치적인 것, 법적인 것[2], 이 세 가지를 길잡이 삼아 전쟁의 특징을 규정해볼 것이다.

진짜 전쟁에서는 아군과 적군이 각자의 목숨을 내놓고 서로를 살상한다. 이러한 죽음의 '교환성', 유혈의 상호성은 일종의 '정신적인moral' 요소를 내포한다. 여기서 '정신적인'이란 단어는 흔히 재판관이나 철학자가 '육체적인 것physique'과 대비해 사용하는 일차적 의미에서의 표현(현대에는 '멘탈적인mental'이란 표현으로도 부를 수 있으리라)으로 이해할 수 있다. 가령 하늘을 찌를 듯한 사기와 견디기 힘든 공포, 영웅정신héroïsme과 잔혹한 본성, 희생적인 용기와 광기 어린 살기 등 전쟁은 각종 정신적인 측면을 내포한다. 진짜 전쟁은 이처럼 중대한 죽음의 절대성을 상정한다. 비록 코소보 분쟁의 경우처럼, 때로는 '무혈' 전쟁³(물론 어디까지나 피를 흘리지 않은 쪽은 한쪽 진영에 불과하지만)에 대한 환상을 어느 정도까지 조장할 수는 있을 테지만 말이다.

그런가 하면 진짜 전쟁은 일정한 국가, 민족, 정치인, 공동체 간 대립 구도를 상정한다. 가령 러시아 대 우크라이나, 블라디미르 푸틴 대 볼로디미르 젤렌스키, 모스크바 대 키이우, 러시아 민족 대 우크라이나 민족 등의 대립이 대표적이다. 이처럼 진짜 전쟁은 이분법의 원칙에 입각한다. 그렇기 때문에 언제든 선한 자 대 악한 자, 포악한 자 대 무고한 자 등의 흑백논리로 전쟁을 재단하려는 유혹에 쉽게 빠져들 우려가 있다.

마지막으로 진짜 전쟁은 '이유', '명분', '구실'뿐 아니라 '규칙'과 '의례'도 함께 전제한다. 국가 간 무력분쟁은 반드시 법의 테두리 안에서 규칙과 의례를 준수해 실행돼야 한다. 푸틴도 첫 연설에서 러시아가 적대 행위에 나설 수밖에 없는 이유를 조목조목 설명했다. 가령 우크라이나 내 친나치 세력의 존재, 러시아 문턱까지 치달은 북대서양조약기구NATO(이하 '나토')의 위협, 우크라이나 동부 지역에서 자행되는 반러시아 정책 등을 이유로 거론했다. 물론 푸틴의 연설이 참으로 우습고 치졸하다고 느껴질 수 있다. 하지만 진짜 본질은 그것이 아니다. 정말 중요한 것은 러시아 대통령이 그런 종류의 연설을 직접 할 수밖에 없었다는 현실이다. 전쟁이란 단순히 힘이 세다고 벌일 수 있는 행위가 아니다. 전쟁은 반드시 **불의**injuria나 권리 침해에 대한 대응과 같은 대의명분을 요한다. 언제나 자위적·징벌적·구원적 성격을 띠어야만 한다. 그렇지 않으면 그것은 한낱 야만적인 약탈, 극악무도한 노략질, 피비린내 나는 토벌전에 불과할 뿐, 결코 전쟁이라고는 부를 수 없을 것이다. 심지어 과거 식민지 전쟁도 천연자원을 장악하고, 원주민을 악랄하게 착취하는 행위를 버젓이 '문명 전파의 임무'로 둔갑시키지 않았던가.

우리는 여기서 가장 널리 알려진 전쟁의 정의로 규정된, 첫 번째 전쟁의 3대 요소를 발견할 수 있다. 그것이 바로 "전쟁이란 **무력을 사용하는, 공적이고, 정당한 분쟁**"[4]이라는 사실이다.

최근 우크라이나 사태와 관련해 거듭 사용되는 표현이 하나 있다. 핵전쟁 위기를 전망하거나 전쟁 중 자행된 잔혹한 전쟁 범죄를 비난할 때마다 함께 소환되는 개념인데, 때로는 어렴풋한 미래에 드리워진 암운처럼, 또 때로는 무력 분쟁에 내포된 은밀한 진실처럼 소개되는 바로 '총력전'이다. 총력전이란 개념이 폭력에 대한 사고와 어떤 연관이 있는지 알아보려면 이 용어를 면밀히 분석해볼 필요가 있다.

하지만 전쟁의 심오한 성격, 영속적인 본질, 구조적인 특성을 아무리 열심히 분석하더라도, 철학이 결코 포기할 수 없는 한 가지 의문은 끝내 사라지지 않는다. 왜 전쟁을 벌이는가? 우리는 이 질문에 대한 해답을 얻기 위해 잠시 정신분석학, 사회학, 인류학 등의 도움을 빌릴 것이다.

이런 식으로 모두 여섯 가지 성찰의 길을 제시해볼 것이다. 그리고 모든 성찰이 끝나면, 마지막으로 최후의 질문을 던지는 것으로 이 책을 끝맺고자 한다. 무슨 평화를 위한 전쟁인가?

1장

정말 전쟁은
'귀환'했는가?

진영 전쟁, 글로벌 전쟁, 혼돈 유발 전쟁

2022년 2~3월, 러시아군이 우크라이나를 침공했을 때 많은 칼럼니스트가 일제히 앵무새처럼 반복한 표현이 있다. 바로 전쟁의 '귀환'이다. 그들은 1945년 종전 이후 거의 반세기 넘게 이런 종류의 무력분쟁은 일어난 적이 없었다며, 마침내 전쟁이 부활했다고 사태를 현학적으로 분석했다. 어떤 이들은 우스꽝스럽게 호들갑을 떠는 게 싫었는지, '적어도 유럽 땅에서'라는 단서를 서둘러 덧붙였다. 하지만 어떤 경우든 결국 구 유고슬라비아 연방이 해체되는 과정에서 일어난 끔찍한 전쟁을 도외시하고, 사라예보·스레브레니차·프리슈티나*에서 발생한 희생자들의 존재를 은

---

* 1992~1996년 사라예보 포위전, 1995년 스레브레니차 학살, 1999년 코소보 전쟁(프리슈티나)을 가리킨다.

폐하기는 모두 마찬가지다.

과연 전쟁이 귀환했다고 표현하는 것은 옳을까? 귀환
이란 말은 러시아-우크라이나 전쟁(이하 '러우 전쟁')이 반
세기 넘게 평화를 구가하던 유럽 역사에 '갑작스런 단절'
을 초래한 사건이라는 생각을 은연중에 내포하는 데 말이
다. 오히려 1945년 이후 전쟁이 어떤 모습으로 변천했는지
를 자문하는 것이 더 타당하지 않을까? 현 사태를 전쟁의
주요한 전략적 변천 과정의 일환으로 간주하는 것이 더 바
람직하지 않을까? 이 책은 앞으로 냉전, 글로벌 전쟁, 혼돈
유발 전쟁, 이렇게 총 3막의 비극으로 나누어, 전쟁의 주요
한 전략적 변화를 함께 살펴보려고 한다.

＊＊＊

1944년 6월 연합군이 노르망디 해변에 상륙하고, 그로
부터 1년이 채 지나지 않은 1945년 5월 8일 독일이 패망했
다. 이어 히로시마와 나가사키에 원자폭탄이 투하되고, 곧
이어 일왕이 항복을 선언했다. 강대국들은 자신들이 동참
한 세계적 재앙이 몰고온 끔찍한 참상에 이루 표현할 수
없는 큰 충격을 받았다. 전쟁의 피해는 실로 막대했다. 수

천만 명이 목숨을 잃고, 수많은 도시와 인프라 시설이 파괴됐으며, 유럽은 폐허로 변했다.

강대국들은 뒤늦게 전쟁이란 극히 비이성적이고 미친 짓이란 사실을 통감했다. 모두가 뜻을 모아 전쟁을 예방하거나, 아예 금지하기 위한 방법을 모색했다.

반세기가 조금 지난 오늘날, 과연 전쟁 종식을 위한 노력은 성공했을까? 여러 분석가와 전쟁학자들은 1945년 이후 단호하게 '전쟁의 종언'을 주장했다. 하지만 실제로 종언을 고한 것은 전쟁의 특정한 **양식**일 뿐이었다. 마라톤 전투(기원전 490)에서 노르망디 해전(1944)까지, 과거 국가 간 관계를 결정짓던 기존의 전쟁 형태는 새로운 형태의 집단 폭력으로 대체됐다.[1] 기존의 전쟁 양식이 '소멸'되었다는 말은 두 차례나 비이성적이고 무익한 살상에 기나긴 세월을 소모한 서구 강대국들이 다 함께 기존의 전쟁 개념을 폐기하기로 결정했다는 사실을 의미했다. 그때까지만 해도 전쟁은 주권국 간 **평범한** 분쟁 해결 방식으로 통용되었다. 가장 고전적인 전쟁관만 봐도 "**전쟁**: 정의를 통해 종결할 수 없고, 힘이나 무기를 사용해야만 해결할 수 있는, 주권을 지닌 국가 혹은 군주 사이의 다툼이나 분쟁"[2], 혹은

"전쟁에 대한 권리(적대행위를 개시할 권리)란 한 나라가 자국의 고유한 **무력**을 이용해 다른 나라에 맞서 자국의 권리를 보호하기 위한 **합법적인 방법**"[3]이라고 규정하지 않던가.

1945년 6월 국제연합UN이 창설된 목적도 "전쟁의 불행에서 다음 세대를 구하기"(서문) 위해서였다. 국제사회가 전쟁을 감시하는 역할을 하면서, 마침내 '주요국' 혹은 '문명국'을 자처한 강대국들 사이에 전쟁이 금지됐다. 한편 전쟁은 단순히 금지되기만 한 것이 아니라, 사실상 '불가능한' 일이 되었다. 가공할 위력을 지닌 핵무기로 인해 전쟁이 더 이상 분쟁 해결을 위한 군사적 충돌의 의미에만 그치지 않았기 때문이다. 이제는 단 한 번 발사 버튼만 눌러도 전 세계가 공멸하고 전 지구가 종말을 맞이할 수 있는 파국을 의미했다. 클로드 르 보르뉴 장군Claude Le Borgne*은 일본이 항복하고 수십 년이 지난 뒤 이런 글을 남겼다. "전쟁은 히로시마에서 죽었다."[4]

전쟁은 UN 차원에서 '금지'되고, 핵무기의 발명으로 '불

---

* 프랑스 장군 출신의 저술가.

가능한' 일로 변했다. 하지만 그렇다고 곧바로 지구에 평화가 찾아온 것은 아니었다. 무력분쟁은 완전히 사라지지 않았다. 단지 **형태만 바뀌었을** 뿐이다. 따라서 전쟁이 귀환했다는 표현은 과거 전쟁의 한 **형태**가 회귀했다는 뜻으로 이해해야 옳을 것이다. 말하자면 두 주권국가가 군대를 파병하고, 전쟁터에서 서로 맞붙어, 무시무시한 공습을 퍼붓고, 막대한 군사적 손실을 주고받으며, 수많은 이들을 피란길에 오르게 하고, 민간인을 벌벌 공포에 떨게 만드는 그런 종류의 전쟁이 부활했다고 말이다. 그런 의미에서 우리는 러우 전쟁을 다양한 **양식**의 전쟁으로 점철된 1945년 종전 이후 기나긴 전쟁사 속에 끼워 넣을 필요가 있다. 요컨대 공산주의 대 자본주의 진영 간의 공포의 균형**, 아프리카와 아시아를 휩쓴 저항운동과 민족해방전쟁, 2000년대를 충격으로 몰아넣은 테러 공격, 그리고 마지막으로 아랍의 봄*** 이후 중동을 혼돈의 소용돌이에 빠뜨린 각종

** 핵무기 상호 보유가 전쟁을 억제하는 상태.
*** 2010년 튀니지 혁명 이후에 폭발하여 2011년에 절정, 그리고 현재까지도 여파가 미치고 있는 아랍권의 민주화 시위.

소요 사태 등으로 점철된, 제2차 세계대전 종전 이후 기나긴 전쟁사 안에서(물론 1980~1988년 이라크, 이란의 경우처럼 영토 점령과 관계된 '재래식' 전쟁이 발생한 적이 있기는 하다) 러우 전쟁을 이해하려는 노력이 필요하다.

사실상 전후 지정학적 구도는 냉전에 의해 형성됐다. 종종 '50년 전쟁'[5]이라고도 불리는 냉전은 두 상반된 이념·세계관·자유관·사회 모델을 대변하는 두 진영(미국 대 소련) 사이의 전면적 대립을 의미한다. 각자 가공할 핵무기를 보유한 두 초강대국은 전 세계를 종말로 몰아넣을 의도가 아닌 이상, 결코 직접 충돌한다는 것이 불가능했다. 그런 만큼 전쟁은 조금 더 간접적인 형태를 띠었다. 양 진영은 각자 제3세계에 대한 영향력을 확대하기 위해 노력하거나, 한 국가가 내분에 휩싸이면 분쟁 당사자 중 자신과 동일한 이념을 표방하는 '진영'을 지원하거나, 각종 '저강도 분쟁'*을 수행하는 데 만족했다. 바야흐로 '대리전'의 시대였다. 두 강대국은 각자 분쟁 당사자 중 한쪽을 지원하며, 그들

---

* 정치·사회·경제·심리적 목표를 달성하기 위해 실시되는 제한된 정치군사적 투쟁.

이 전쟁에 승리해 자신의 세력권 안에 들기를 희망했다. 대리전은 흔히 양자로 분열된 내전의 형태를 띠었다. 두 진영 중 어느 쪽이 승리하는가에 따라 향후 정권의 성격(자유주의 대 사회주의)이 판가름 났다. 또한 대리전은 한국이나 베트남의 경우처럼, 영토 점령을 둘러싼 충돌로 한 나라가 아예 지리적으로 분단되는 양상을 띠기도 했다.

　대개 이념 전쟁은 민족해방전쟁의 연장선상에서 일어났다. 이는 문화적인 측면에서 소련 진영이 영향력을 확대하는 데 훨씬 더 유리한 이점을 제공했다. 소련 진영은 자연스럽게 '반제국주의' 성격을 띠었기 때문이다. 민족해방전쟁을 통해 각 민족은 제국주의(프랑스, 영국 등) 압제에서 벗어나려고 안간힘을 썼다. 한편 식민지 해방전쟁은 다른 한편으로 전략적인 측면에서도 중요했다. 식민지 저항세력은 전쟁에서 승리하기 위해 창의적인 전술을 개발해내야 했기 때문이다. 사실상 군사적인 측면에서 점령국을 상대로 싸운다는 것은 이른바 다윗 대 골리앗의 대결에 해당했다. 흔히 점령국은 현대식 군대를 갖추고, 원주민보다 훨씬 더 우월한 전력을 누렸다. 한마디로 '비대칭적'인 전쟁이었다. 그렇게 도입된 게릴라전술은 지난 세기에도 이미 스페인에서 개발되어 사용된 적이 있었다. 당시 나폴레옹 군대를 괴롭힌 게릴라 전술은 적군을 혼란에 빠뜨리는데 있어 매우 탁월한 위력을 발휘했다. 게릴라 전술은 상대와 직접 충돌하지 않고, 상대를 정신적으로 지치게 만들었다. 상대는 '그림자 부대'를 상대로 싸우는 느낌에 시달렸다. 게릴라군은 시민 속에 숨어 있다가 본대에서 이탈해 고립된 병사들을 불시에 무자비하게 급습했고, 민간인과 군인을 분별할 길이 없는 상대는 만성적인 불안감으로 지쳐갔다. 이런 '현대전'[6]의 저항 메커니즘은 테러나 사보타주, 집요한 괴롭힘, 불시 급습 등 우회적인 전술을 통해서도 충분히 '재래식' 군대가 전쟁에서 패배할 수 있다는 사실을 여실히 입증한다.

1989년 '베를린장벽'으로 상징되던 소련 진영이 해체되면서 처음으로 거대한 지정학적 변화가 일어났다. 마침내 냉전이 종식된 것이다. 세계의 경찰로 불리는 패권국 미국이 세계 평화를 주도하면서, 잠시 희망의 미래가 꿈틀거리는 듯 했다. 이러한 세계인의 희망을 여실히 보여주는 예가 바로 '역사의 종언'[7]이라는 다소 경솔한 전망이었다. 앞으로 전 세계가 **팍스 아메리카나***의 따사로운 햇살 아래 자유민주주의가 승리를 거두고 무한히 팽창하는 모습을 지켜보게 되리라는 전망이었다. 하지만 모두가 그리던 장밋빛 미래는 그리 오래가지 않았다. 2001년 9월 11일 발생한 테러 공격은 서구에 새로운 적을 선사했고, 이제 막 싹을 틔운 유토피아에도 직격탄을 날렸다. 새로운 적은 과거의 적보다 훨씬 정체가 묘연했다. 일정한 영토에 기반을 두는 대신 국제적 조직을 구축하고, 모호한 정치적 목적을 위해 상상을 초월하는 기습 전술을 펼치며, 무고한 시민들을 직접 위협했다. 그 새로운 적이 바로 광신적인 이슬람주의 테러다.

***

9·11 테러를 계기로 1945년 이후의 세계는 두 번째 패러다임을 맞이했다. 이른바 '글로벌' 전쟁 혹은 '산발적' 전쟁으로 불리는 새로운 전쟁 패러다임이 등장한 것이다. 과거의 전략적 지표는 사실상 유명무실해졌다. 새로운 지정

---

* 제2차 세계대전 후 초강대국이 된 미국의 영향하에 세계의 평화질서가 유지되는 상황을 함축적으로 표현하는 용어.

학적 구도 속에서, 대규모 무력행사는 새로운 형태를 띠었다. 가령 '테러', '인류를 위한 개입', '대반란전'*, '예방전쟁'**, '글로벌 대테러 전쟁'[8] 등 다양한 전쟁 형태가 등장했다.

물론 테러 현상이 2001년 9월 11일에 처음 등장한 것은 아니다. 하지만 이전까지 테러는 주로 혐오의 대상인 외국 점령군을 상대로 치르는 '필사적인' 전술의 형태를 띠었다. 대개 일정한 목표물(안보시설, 권력 상징 장소 등)을 공격 대상으로 삼았고, 영토 수복 등 테러리스트의 요구 사항도 보다 구체적이었다. 매번 테러는 일종의 최후통첩으로 단행됐다. '전통적인' 테러리스트는 카를 슈미트가 말한 '대지(영토)형 파르티잔partisan tellurique'[9]에 해당했다. 다시 말해, 무력을 사용해 자신들의 땅에서 증오스러운 침략자를 내쫓고, 모든 가용 수단을 동원해 자신들의 영토를 온전히

* 현존하는 정부를 전복할 목적으로 행해지는 전복활동 및 무력행사를 정부가 격퇴하기 위해 취하는 군사·준군사·정치·경제·심리·대민 활동.
** 침략 가능성이 있는 인접국이나 가상 적국의 전쟁 수행능력이 자국에 비해서 우위에 설 위험이 있을 때, 이를 예방하기 위해 시행하는 전쟁. 전쟁의 징후가 명백할 때 시행하는 선제공격과 달리 징후가 없을 때라도 시행할 수 있다.

되찾으려는 경향을 나타냈다.

하지만 9·11 테러범은 과거의 테러리스트와는 성격이 달랐다. 그들은 '글로벌한' 적이었다. 먼저 9·11 테러범은 불변의 민족 정체성도, 정해진 영토적 기반도 없었다. 뿐만 아니라 실질적인 정치적 이익보다 한결 더 고차원적인 대의명분을 목적으로 테러를 자행했다. 자신들이 혐오하는 생활방식·문명·가치관을 대변하는 무고한 희생자들을 공격 대상으로 삼았다. 사실상 9·11 테러는 글로벌 테러리즘의 출현을 의미했다. 다양한 국적의 대원들로 구성된 지하디스트*** 조직이 아프가니스탄의 산악지대에 은신하며, 무고한 노동자들을 직접 겨냥해 무차별적인 테러를 기획했다. 피해자들의 유일한 '죄'라면, 하필 그 날 미국의 힘을 상징하는 뉴욕 쌍둥이 빌딩에 있었다는 것뿐이었다. 글로벌 테러리즘이 추구하는 것은 영토가 아니었다. 그보다 더 상징적인 문제였다. 비록 미국을 상대로 테러를 자행한 이유 중 하나가 신성한 이슬람 땅에 침입한 불신자들의 존

*** 이슬람 성전주의자.

재이기는 했지만 말이다. 그럼에도 어쨌거나 9·11 테러의 가장 큰 목적은 오만한 미국을 벌하고, 자신들이 당한 굴욕을 되갚고, 상대를 큰 충격에 빠뜨려, 만성적인 불안감을 조장하는 것이었다. 한편 9·11 테러의 경우, 배교자·불신자·이단자를 대상으로 폭력을 실행한다는 점에서, 종교·정화·신비주의의 성격을 띠기도 했다. 사실상 글로벌 테러리즘이 연출하는 광경은 불순한 자들이 파멸에 이르는 묵시록적 풍경이었다.

훗날 스페인, 영국, 프랑스에서도 되풀이될 글로벌 테러 행위는 새로운 지정학적 시대를 활짝 열어젖혔다. 글로벌 테러는 재래전의 형태는 물론, 사회주의와 자본주의 두 진영이 이끌던 대리전, '저강도' 분쟁 양식도 함께 탈피했다. 대신 폭력의 무한한 번식과 공포 확산이라는 두 가지 원칙에 기초했다. 확실히 기존의 고전적인 전쟁은 집중이라는 메커니즘에 의해 실행됐다. 전쟁 당사국들이 각자 일정한 지점에 군대를 집결해 승부를 가를 전투를 치렀다. 공간적인 측면에서, 기존의 전쟁은 평화 지대와 구분된 곳에 분쟁 지대가 형성됐다. 불가역적 타격을 가할 목적으로 제한된 시공간 안에서 일시적으로 모든 폭력을 집중해 최종 승자와 패자를 갈랐다. 반면 테러는 달랐다. 테러는 행위 그 자체가 승리를 의미했다. 테러를 자행한 그 자체가, 사건 그 자체가 성공을 의미했다. 더 이상 테러는 위협이나 최후통첩, 경고로 구성되지 않았다. 테러가 발생했다는 사실 그 자체만으로도, 폭력 사태를 초래하고 시민들이 공포에 떨게 만들었다는 사실 그 자체만으로도, 즉각적인 성공을 의미했다.

서구 강대국은 글로벌 테러에 대해 이중으로 대응했다. 첫째, 테러조직을 추적하기 위해 시민 자유를 침해할 위험성이 매우 높은, 무차별적인 전방위 감시와 통제를 실시했다. 이에 에드워드 스노든은 훗날 미국이 인터넷과 통화 감찰을 통해 대대적으로 막대한 정보를 수집한 사실을 낱낱이 폭로하며 전 세계를 큰 충격에 빠뜨리기도 했다. 심지어 미국은 수집한 정보를 표적 암살 작전에 활용했다. 글로벌 전쟁은 흔히 표적을 포착하기 쉽지 않았고, 익명의 조직망이 전 세계 곳곳에 흩어져 있는 양상을 보였다. 이런 상황에서 미 정부는 테러와의 전쟁에서 승리를 선포하기 위해 무엇보다 눈에 보이는 실질적인 성과를 이뤄낼 필요가 있었다. '전쟁터에서의 승리'에 비견할 만한 최고의 성과란 바로 테러조직의 수장을 암살하는 것이었다. 비록 암살당한 수장은 언제든 또다시 새로운 인물로 대체될 수 있다는 점에서 상당히 헛된 승리에 불과할지라도 말이다. 한편 저격수와 미사일을 탑재한 드론 조종 기술자가 글로벌 전쟁의 새로운 영웅으로 떠올랐다. 글로벌 전쟁의 적은 더 이상 국가가 아니었다. 그런 의미에서 상징적인 인물을 선택해 악의 화신으로 삼을 필요가 있었다. 더욱이 표적 암살 전술은 특유의 공격 방식 덕에 군대가 '지상에 남기는 발자국'을 최소화할 수 있다는 장점도 누렸다(이것이 버락 오바마가 주창한 '대테러 플러스Counterterrorisme Plus' 전략이다).**10**

둘째, 강대국들은 소위 '개입'이라고 불리는, 기존의 전쟁과는 전혀 다른 유형의 새로운 군사작전을 개발해냈다. 먼저 개입은 '집단적' 결정에 따라 실행됐다. 가령 UN 결의안 채택하에 다수 국가의 지지를 얻어, 나토가 작전을 수행했다. 다시 말해 한 국가가 다른 국가를 상대로 내린 주권적 결정이 아니라, 다수의 국가가 인류·국제 안보·신세계 질서라는 '미명' 아래 내린 결정에 따라 작전이 수행됐다. 말하자면, 테러를 조장하거나, 자국 땅에서 광신적인

지하디스트를 훈련, 양성하도록 허용한 불량국가들rogue states[11]을 타격하기 위한 작전에 해당했다. '개입invention'이 란 단어는 새로운 지정학적 변화를 여실히 드러내는 상당히 모호한 용어였다. 사실 개입은 어휘적으로 군대보다는 기술·의료·경찰과 더 연관이 깊은 용어였다.* 피에르 아스네르Pierre Hassner는 이런 패러다임의 변화를 다음과 같은 말로 예리하게 짚어냈다. "'다른 수단을 통한 정치의 지속'이라는 기존의 전쟁 개념을 대체할, 구조적으로 가장 적절한 개념은 (냉전 시대의) 억지가 아니라, 바로 **개입**이다."[12]

철저히 군사적인 측면에서 볼 때, 개입(아프가니스탄, 이라크에 대한 개입)은 성공적이었다. '개입국'들은 상대에 비해 기술적으로 월등한 우위를 누렸다. 군사적 목적(테러조직과 공모한 정권 전복)은 불과 몇 주 만에 달성됐다. 하지만 문제는 일단 현장에 발을 들인 이후였다. 국제군사작전은 과거 독재세력과 공모한 것으로 의심받는 정권의 군대, 심지

---

* 프랑스어로 'intevention'은 '군사 개입' 외에, '수술', '경찰 출동' 등의 다양한 의미를 지닌다.

어 경찰까지 모두 와해시켰다. 그 결과 막대한 치안공백이 발생했다. 가령 이라크의 경우, 2003년 국제사회의 '개입' 이후 현지에 무장세력의 주도 아래 약탈경제가 판을 쳤다. 그런가 하면, 순식간에 과거 지도층이 축출된 자리를 놓고, 각종 종교·인종 공동체들이 정통성 확보를 위한 무력 분쟁에 돌입했다. 마지막으로, 대테러연합군은 국가재건과 경제부흥이라는 새로운 목표를 설정했지만, 현지에 파견된 '해방군'의 관할권이나 능력만으로는 이러한 목표를 실현하기에 버거웠다. '악인'을 쫓아내고 '선량한 이들good guys'을 선별해 '민주주의 거버넌스'를 신속하게 구축하겠다는 계획은 상당히 순진한 생각이었음이 드러났다. 결국 군은 이따금 각종 첩보를 바탕으로 테러조직의 부대를 급습하기 위해 잠시 벙커 밖을 '외출'하는 데 만족해야 했다. 하지만 이러한 작전은 매우 위험도가 높아서, 필연적으로 수많은 실수와 막대한 '부수적 피해'*를 초래했다. 그 바람

---

* 어떠한 활동에 따라 의도했던 결과 외에 따라붙는 피해 또는 손해를 가리키는 용어로, '어쩔 수 없는 결과'라는 어감을 가진, 사용자가 책임을 회피하려는 의도를 띄는 완곡한 표현이다. 베트남전쟁 당시 아군 오사나 민간인 피해에 대해 미국 정부와 언론이 처음 사용하기 시작한 완곡한 표현이다.

에 대테러연합군은 현지에서 종종 점령군 취급을 받기도 했다.

이는 글로벌 전쟁 시기에 찾아볼 수 있는 수많은 역설 중 하나였다. 사실상 글로벌 전쟁에서 가장 많은 희생자를 낳은 것은 '테러 행위'나 혹은 그에 대한 대응책으로 간주되는 '개입'(공습 지원 후 지상군 투입이라는 패턴을 보였다)이 아니었다. 평화 유지 임무 역시 실제 전쟁 수행 과정만큼이나 위험천만했다. 매번 뜻하지 않은 희생자 발생으로 안정화 작전**이 중단되고, 곳곳에서 이라크 국민의 신뢰를 얻기 위한 대반란작전(가령 데이비드 퍼트레이어스David Pae-treus***가 이라크에서 보여준 작전에서 영감을 얻은 작전)[13]이 수행됐다. 가령 이라크 국민의 마음을 얻기 위해, 현지의 관습을 존중하고, 기본적인 문화 지식을 습득하는 데 온 힘을 기울였다. 하지만 피해는 돌이킬 수 없었다. 미군이 철

** 작전지역 내 안전하고 안정된 환경을 조성하여 합법적이고 권위 있는 정부가 등장할 수 있도록 수행하는 제반 질서유지 활동, 인도적 지원 활동, 재건지원 활동을 의미한다.

*** 주아프가니스탄 미군 및 ISAF(국제안보지원군) 사령관으로, 대반란전에 관한 중요한 교범을 남겼다.

군한 이라크는 종파 간 전쟁으로 분열을 피할 수 없었고, 결국 무장세력의 만만한 먹잇감으로 전락했다. 아프가니스탄의 경우도 마찬가지였다. 마지막 남은 미군이 아프가니스탄을 빠져나오는 동안, 20년 전 완전히 '무력화'했다고 자찬한 탈레반 세력은 일찌감치 기세등등하게 귀환할 채비에 나섰다.

테러 공격과 대테러 대응('글로벌 대테러 전쟁')은 재래전이 제도화한 수많은 구분을 모호하게 만들었다. 먼저, 내부와 외부의 구분이 흐릿해졌다. 뒤에서 홉스의 이론을 통해 차차 살펴볼 테지만, 전통적으로 내부의 평화와 외부의 전쟁은 상호 연관성이 깊다고 간주됐다. 무력분쟁은 주로 국가의 외부 지대에서 일어나 평화로운 국가의 중심부를 보호하는 역할을 했다. 내부의 공공질서를 지키는 경찰처럼, 군대는 외부와의 평화를 보장했다. 다음으로 전통적인 전쟁의 경우 전투원과 민간인을 철저히 구분했다. 군인에게는 서로를 죽이는 것이 합법적인 동시에, 심지어 영웅적인 행위로까지 간주됐다. 반면 '무고한 사람들innocents'(이 단어의 어원인 non nocentes는 '해롭지 않은 사람들'을 뜻한다)은 반드시 전쟁의 위험에서 보호해야 할 대상으로 여겨졌다. 하지만 글로벌 전쟁에서는 무기를 들지 않은 시민이 전쟁의 최대 희생자이자, 때로는 핵심 타깃이 되기도 했다. 또한 테러리스트는 평범한 군중 속에 숨어 있다가 폭탄을 터뜨리기 전까지는 완벽한 시민의 모습을 구현했다.

한편 글로벌 전쟁은 평화 상태와 전쟁 상태의 구분도 모호하게 만들었다. 재래전에서는 두 상태가 선전포고와 평화조약 체결이라는 두 지표를 근거로 명확하게 구분됐다. 하지만 테러 행위나 '평화유지' 작전의 경우, 두 상태는 극히 모호하고 빈번하게 뒤바뀐다. 마지막으로 전통적인 전쟁에서는 범죄자와 적이 서로 구분됐다. 하지만 테러 행위의 경우, '전투원'은 범죄자처럼 행동한다. 그들은 전쟁터에서 목숨을 걸고 싸우는 군인이 아니라, 지하철을 타거나 출근 중인 평범한 시민을 상대로 무고한 살상을 자행한다.

테러리즘과 '글로벌 대테러 전쟁'은 이런 모든 구분을 철저하게 무너뜨렸다. 피에르 아스네르는 이러한 현실을 다음과 같이 훌륭하게 요약했다. "전쟁과 평화의 구분처럼, 내부와 외부, 공공과 민간, 국가와 사회, 정치와 경제, 국내와 국외, 초국경과 초국가의 구분이 사실상 무의미해졌다."[14]

이는 미국이 '불법적인 전투원'이란 새로운 분류체계를 만들어내며, 9·11 테러 이후 정보 수집을 목적으로 고문을 전쟁의 무기로 삼는 구실을 제공했다.

* * *

물론 여기서 우리가 글로벌 전쟁(9·11테러에서 미군의 최종적인 아프가니스탄 철군까지 이어진 이른바 '20년 전쟁')이 패러다임을 완전히 벗어났다고 주장하려는 것은 아니다. 하지만 어쨌거나 2011년 리비아, 시리아, 예멘 등은 대대적인 시민 혁명의 물결에 휩싸인 이후로 만성적인 전쟁 상태에 빠져들었고, 결국 국가가 완전히 황폐화됐다. 이러한 상태는 이른바 '혼돈 유발 전쟁guerre de chaotisation'이라고 불리는 새로운 폭력 패러다임을 등장시켰다. 여기서 잠시 이 새로운 폭력 패러다임이 지닌 우려스러운 특징들을 함께 살펴보자.[15]

아랍의 봄 시위대는 소수의 부패 세력이 장악한 억압적인 성격의 족벌주의 정치 시스템을 용기 있게 비판했다. 당시 시위대가 요구한 것은 대부분 민주주의와 관련된 문제였다. 가령 권력 분립, 표현의 자유, 투명 선거, 빈곤 퇴치 등이 대표적이었다. 하지만 대다수의 집권세력은 저항운동을 무자비하게 탄압하는 것으로 일관했다. 그로 인해 저항운동은 한층 더 극렬화되거나, 종파 갈등으로 번지거나, 순식간에 참혹한 내전으로 비화했다. 시리아나 리비아 같은 나라가 어떻게 그토록 삽시간에 극심한 혼돈의 소용돌이 속으로 빠져든 것인지 알고 싶다면, 무엇보다 이 나라들이 식민지 분할의 산물이라는 사실을 먼저 이해해야 한다. 사이크스피코 협정*의 사례에서 보듯, 제국주의 열강들은 오로지 자국의 이해관계만을 고려해 서로 분열된 민족을 인위적으로 한데 뒤섞는 우를 범했다. 종전 초기, 민족해방운동은 주로 민족주의적·사회주의적·세속주의적 가치관을 앞세운 독재정권에 한층 더 유리하게 작용했다. 하지만 실제로 이들 정권은 특정한 족벌·파벌·소수종파(시리아의 알라위파, 이라크의 수니파)와의 끈끈한 유착관계에 기반을 둔 한낱 독재정권에 지나지 않았다.

무늬뿐인 민족주의와 단일주의, 소수 권력집단의 배만

* 제1차 세계대전 중인 1916년 영국의 사이크스와 프랑스의 피코가 중심이 되어, 오스만 제국의 영토 분할과 관련해 영국, 프랑스, 제정 러시아가 맺은 비밀 협정

불려주는 조직적인 약탈 행위, 모든 저항을 철저히 짓밟는 탄압은 어떻게 아랍의 저항운동이 그토록 순식간에 혼돈의 전쟁으로 비화했는지를 잘 설명해준다. 더욱이 다른 강대국들(예멘의 경우 사우디아라비아, 시리아의 경우 이란과 러시아) 역시 저마다 한쪽 공동체나 분파를 군사적으로 지원하며 분쟁에 간섭하려 했다. 때로는 분쟁 개입을 합리화하기 위해 '보호의 책임'(나토의 이름으로 리비아에 개입할 때 거론했던 명분)까지 운운하면서 말이다.

만인을 위한 보호·보장·안전·안정의 울타리를 제공해오던 국가는 더 이상 어디에도 존재하지 않았다. 이미 공공의 이익을 실현하는 데 무능하다는 비판에 시달려온 국가는 이제 아예 소수 권력집단의 대변자로 전락했다. 권력집단은 석유 수입과 각종 자산 소득으로 배를 불리며, 국부를 장악하기 위해서라면 수단과 방법을 가리지 않았다. 오로지 사익을 위해서만 군을 동원하고, 불완전하게나마 최소한의 공공질서를 유지하겠다며 타협의 길을 택하는 일도 없었다. 사회에 만연한 무질서를 틈타 곳곳에서 무장조직들이 창궐했다. 무장조직은 안전을 미끼로 겁에 질린 시민사회를 갈취했다. '각자도생'을 외치는 지도층이든, 야만적인 무장조직이든, 모든 세력이 전부 폭력을 사용했다. 폭력은 신속한 약탈을 보장해주고, 최대한 빠르게 혼돈의 과실을 누릴 수 있게 해줬다. 실제로 혼돈은 수익성이 높았다. 전통적인 전쟁이 일정한 목적과 법규에 기초한 조직적인 폭력에 해당했다면, 오늘날 리비아, 시리아, 이라크, 예멘 등에서 찾아볼 수 있는 이른바 혼돈 유발 전쟁은 재앙의 이익을 극대화하는 것을 목적으로 한다.

혼돈 유발 전쟁은 오로지 **그 자체를 위해** 수행될 뿐, 평화를 추구하지 않는다. 폭력을 통해 추구하는 것도 그저 즉각적인 협박, 공포, 혼란의 효과뿐이다. 금세 완전무결한 무기의 법칙이 사회를 지배했다. 시민사회(매일같이 어떻게 하면 보금자리를 지키고 자식을 부양할 수 있는가 하는 문제에만 골몰한 평범한 시민들)는 파괴의 소용돌이에 휩쓸린 볼모가 되어, 오로지 **생존**만을 강요받았다. 이런 혼돈의 논리를 가장 여실히 보여주는 예가 있다면, 바로 2011년 반정부 시위가 극에 달했을 때 바샤르 알아사드가 감옥에 갇혔던 지하디스트 포로 수백 명을 풀어준 사건이었다. 그런 식으로 알아사드 정권은 사회적 혼란을 부채질함으로써, 민주세력과 집권세력의 대치 구도를 무너뜨리고, 스스로 조장한 혼돈에서 최대한의 이익을 끌어내고자 했다.

이러한 고삐 풀린 일차원적 폭력은 이라크 레반트 이슬람 국가ISIL*의 사례에서 보듯, 지복천년설**의 세계관을 띠었다. 혼돈 유발 전쟁의 핵심에 자리한 종교적 폭력은 본질적으로 지복천년설과 궤를 같이 했다. 이를테면 어떤 매개자나 오랜 인고의 시간도 필요 없이, 곧바로 불신자와 진실한 신자를 확실히 구분 짓는 정화 과정을 통해, 최후의 조화가 실현될 것이라는 믿음에 입각했다. 이러한 폭력이 꿈꾸는 것은 모든 시간을 무너뜨리고, 결코 존재한 적이 없는 시원origine을 현재의 시간에 즉각 복원하는 것이었다. 사실상 시원이 즉각적으로 회귀한다는 것은 곧 시간의 종말을 의미했다. 지복천년설에 입각한 종교적 세계관은 본질적으로 파국주의적 성격을 띠었다. 지복천년설의 세계관은 의미와 즉답을 추구하는 **현재에 절망한** 세대에

---

* 이슬람 급진 수니파 무장단체로 2014년 6월 29일 이슬람국가IS로 명칭을 변경했다.

** 그리스도가 재림하고 죽은 의인이 부활하여 지상에 평화의 왕국이 1000년 동안 계속된다는 신앙설.

게 강렬한 환상, 다시 말해 '초월적 삶sur-vie'***을 약속했다. 말하자면 역사의 전환, 즉 시간의 전복에 동참하는, 훨씬 더 고차원적인 삶을 약속했던 것이다.

사실상 일차원적이면서도 **동시에** 신비주의적인 성격을 띠는 폭력을 동반한, 혼돈 유발 전쟁은 어떻게도 미래를 창출하기 힘든 우리 사회의 어려움을 여실히 드러내는 징후이자 상징이다. 약탈과 지복천년설이라는 신비주의적 세계관은 서로 간에 공통분모를 찾아볼 수 없지만, 현대의 폭력 속에 철저히 동반되는 두 차원에 해당한다. 이 두 가지 차원이 서로 결합한 지점에서 우리는 현 사회의 어려움을 고스란히 마주할 수 있다. 시간 속에 온전히 뛰어들어, 밝은 미래를 그리고, 현재를 더 나은 미래를 준비하기 위한 인내의 시간으로 삼지 못하는 문제를 말이다. 이러한 새로운 종류의 전쟁으로는 밝은 미래를 잉태할 수 없다. 가령 과거 헤겔이 예나 전투****를 치르는 나폴레옹의 군대를 바라보며 기대했던 것처럼 말이다. 이 새로운 전쟁

*** 일차원적으로는 '생존survie'을 의미한다.
**** 1806년 나폴레옹 1세의 프랑스군이 프로이센군을 격파한 전투.

은 그저 모든 가능성이 잠재된 현재를 파괴하고, 총체적 재앙만 만들어낼 뿐이다. 혼돈 유발 전쟁은 수많은 생존이 복잡하게 뒤얽힌, 지속적인 붕괴의 시공간을 창조한다. 시민사회에 **대항해** 권력을 구축하기 바쁜 궁지에 몰린 소수 지배계급의 생존, 매일 같이 목숨을 부지하기 위해 값비싼 대가를 치러야 하는 민중의 생존, 그리고 마지막으로 죽음 속에서 가장 강렬한 생의 정점을 찾으려는 광신도들의 '초월적 삶'까지 수많은 생존이 뒤얽힌 시공간을 말이다.

마지막 세 번째 패러다임은 특히 우크라이나 사태의 위상과 특징을 이해하는 데 큰 도움을 준다. 물론 사람들이 우크라이나 사태를 전쟁의 '귀환'이라고 쉽게 진단하는 것은, 우크라이나 분쟁이 전통적인 전쟁의 형태를 띠기 때문일 것이다. 가령 재래식 전력의 영토 침범, 영토와 도시를 놓고 벌이는 치열한 전투, 각종 요충지에서 아군과 적군이 맞붙는 두 주권국 간의 충돌, 승리와 패배로 점철된 일정 지역에 한정된 무력의 집중, 힘없는 시민들(여자와 아이들)의 피난행렬 등은 분명 전통적인 전쟁을 떠올리게 한다. 하지만 또 다른 측면에서 우리는 지복천년설에 입각한 폭력의 요소도 함께 찾아볼 수 있다. 가령 러시아는 퇴폐한 유럽을 정화해야 할 신성한 임무를 띠고 있다고 선전하며 신화 속 시원으로 회귀해야 한다고 주장하거나, 핵전쟁 발발의 가능성을 언급하며 전 지구적 종말에 대한 공포를 부추기는 것 등이 대표적인 예다.

하지만 다른 한편으로 유럽의 입장에서 볼 때, 우크라이나 사태는 반대로 유럽이 여전히 **위대한 역사에 속한다**는 믿음, 일부 나라를 위해 미래의 희망이 되어줄 수 있다는 확신(유럽이 침공당한 나라를 지원하는 이유 중 하나다)을 새롭게 불어넣어 주었다. 그런가 하면 현재 모든 이들이 강력히 전쟁의 '귀환'을 확신하는 것은 수많은 측면에서 우크라이나 사태가 가장 오래된 전쟁의 정의에 부합하는 전통적 전쟁의 구조를 갖췄기 때문이기도 할 것이다. 사실상 러우 전쟁은 흔히 '공적인 차원의, 정의로운, 무력' 분쟁으로 소개되곤 한다. 그렇다면 전쟁을 규정하는 이 세 가지 측면에 대해 지금부터 하나씩 자세히 살펴보도록 하자.

2장

영웅정신과 야만성

자코모 트리불치오Giacomo Trivulzio는 언젠가 이런 말을 했다. "전쟁을 치르기 위해 필요한 것은 세 가지다. 돈, 돈, 그리고 또 돈이다!"[1] 여기서 잠시 이 말이 나오게 된 배경부터 살펴보자. 트리불치오는 르네상스 시대의 전쟁 사업가, 직접 비용을 들여 군사를 모집하고 양성하는 **콘도티에리**con-dottiere(용병대장)였다. 그는 시장에서 가장 후한 값을 쳐주는 사람에게 '정치 쿠데타'에 필요한 군사력을 판매했다.

예나 지금이나 전쟁 비용은 가히 천문학적이다. 대개 전쟁 비용은 침략자들이 전쟁을 일으켜 얻을 것이라고 기대하는 경제적 수익을 훨씬 상회한다. 2022년 봄 유럽과 미국이 우크라이나군에 대한 군비 지원으로 수십조 유로(혹은 달러)를 '풀기'로 했다는 소식은 전쟁 비용이 얼마나 막대한지 새삼 재확인하는 계기였다. 전쟁은 이토록 돈과 매우 연관이 깊어서, 때로는 얼마나 많은 돈을 투자할 준비가 되었는가에 따라 전쟁의 승패가 갈리는 듯 보이기까지 한다.

하지만 역사적으로 이런 '명백한 사실'을 반박하는 사례들 역시 수두룩하다. 가령 미국은 압도적으로 우월한 전력을 갖추고 있음에도 베트남에서 쓰라린 패배를 경험했다. 많은 전문가와 군사부문 종사자 역시 규모가 큰 군대가 항상 전쟁에 승리한다는 평범한 진리에 꾸준히 반기를 든다. 오히려 그들은 예로부터 '정신적인 힘'이라 불리던 것이 전쟁의 승패를 가르는 중요한 열쇠라고 강조한다. 말하자면 윤리적 참여의식, 정신적 에너지, 전투에 임하는 '욕망'(공격 대 방어, 반격 대 괴멸 등의 욕망), 전투의지에 담긴 도덕적 자질 등이 더 중요하다고 말이다.

물론 별 해괴한 주장으로 들릴 수 있다. 오늘날 전쟁은 야만성이나 잔혹성과 거의 동의어로 간주되고 있으니 말이다. 하지만 여러 글을 읽다보면 마라톤 해변에서 노르망디 해변에 이르기까지, 과거 전쟁이라는 체험이 결국 훌륭한 덕의 모태가 되어왔음을 인정할 수밖에 없다. 서구 윤리학의 중요한 용어인 덕(그리스어로는 **아레테**arretê, 라틴어로는 **비르투스**virtus)은 어원상 군인의 용기나 결기를 의미한다. 그런 의미에서 도덕적 **가치**valeur는 군사적 **용맹함**vail-lance과 그 뿌리가 같다. 더욱이 우리는 전쟁을 온갖 윤리적 수식어로 장식하기를 좋아한다. 누구나 한번쯤 충성스럽고 용맹한 기사, 조국을 위해 목숨을 바칠 각오가 된 자유를 갈망하는 시민군에 대해 들어봤을 것이다. 하지만 어쩌면 너무 과하게 고귀하고 이상화된 전쟁의 모습이 아닐까? 오히려 전쟁이 도덕적 체험의 일종으로 간주되려면, 아직까지 기술적인 측면의 군사력이 중요시되지 않던, 얼마나 열심히 목숨 걸고 싸우는가에 따라 전쟁의 승패가 갈리던 그런 양식의 전쟁을 전제해야만 하는 것이 아닐까?

물론 수 세기에 걸쳐 전쟁은 덕을 실험하는 실험소로 간주돼왔다. 하지만 동시에 그와는 정반대로 현재의 경우처럼 원초적인 야수성이나 본원적인 충동으로의 회귀라는 잔혹한 면모를 꾸준히 비판받았다. 전사는 영웅적인 용맹함을 보여주는 동시에 비인간적인 야만성을 드러낸다. 역설, 양면성, 모순. 이처럼 전쟁은 도덕적 측면에서 극히 양극단적인 성격을 띤다. 전쟁은 도덕성을 고취하는 **동시에** 도덕성이 무너지는 순간이자, 윤리성을 발현하는 동시에 윤리성이 붕괴되는 순간이다. 물론 이러한 모순은 최근 우크라이나 사태와 관련해 자주 찾아볼 수 있듯이, 두 전쟁 당사자를 이분법적으로 구분하는 방법으로 확실히 해소할 수 있다. 게다가 때로는 그러한 구분법이 매우 당연하게 여겨지기도 한다. 가령 피에 굶주린 야만적인 러시아인은 영웅적인 집념에 불타는 우크라이나인과 자주 대비된다. 더욱이 용병으로 구성된 침략군 대 자국 영토와 주권을 수호하는 시민방위군이라는 대립이 더해지는 순간, 이러한 흑백 논리는 훨씬 더 신빙성 있고, 타당한 주장으로 간주된다. 하지만 진짜 수수께끼는 이러한 대립 구도가 어떻게 인간의 마음을 은밀히 분열시키는가 하는 문제일 것이다.

전투의지가 지닌 어두운 측면에 대해서는 앞으로 '왜 전쟁을 벌이는가?' 장에서 차차 살펴볼 것이다. 그때 우리는 뿌리 깊은 잔혹성, 죽음의 충동, 유전적 공격성 등 전쟁의 심리적 동기에 대해 보다 면밀하게 고찰해볼 것이다. 하지만 그전에 전투의지의 밝은 면을 먼저 살펴봐야 한다. 오래전부터 명백한 진실로 간주돼온 전쟁의 각종 윤리적 측면을 하나씩 짚어봐야 한다. 비록 군사 장비가 첨단화되면서 전쟁의지의 윤리적 차원이 점차 약화되고 있는 것은 사실이지만 말이다. 사실상 총기류는 처음 발명됐을 때부터

논란거리로 인식됐다. 원거리에서 불시에 적을 사살할 수 있다는 특징 때문이다. 이는 고대 시대에 모든 군사 중 유독 궁수가 악명 떨친 이유이기도 했다. 안전한 장소에 자리 잡은 궁수는 불안에 떨 걱정 없이 손쉽게 적을 공격했다. 이에 1139년 제2차 라테라노 공의회는 최소한 '기독교인들 간 전쟁'에서만이라도 활과 쇠뇌를 사용하지 못하게 금지시켜야 한다고 결정했다. 어떤 시대에서든 비열한 방식으로 상대의 목숨을 빼앗는 것은 비난받아 마땅한 행동으로 간주됐던 것이다. 결코 그것은 **대등하고, 떳떳한** 대결의 결과가 아니었기 때문이다. 그러한 측면에서 제1차 세계대전은 거대한 전환점에 해당했다. 절망에 빠진 인류가 마침내 전쟁이 아닌, 전쟁의 종식을 도덕적 경험으로 이해하기 시작했기 때문이다. 빗발치는 총알과 포탄 세례 속에서 어떻게 인간이 용기와 용맹, 명예심을 발휘할 수 있겠는가? 요란한 호각 소리에 맞춰 병사들이 일제히 참호 밖으로 튀어나와 놀이동산 사격게임장에 나란히 늘어선 인형표적물처럼 줄줄이 총알받이가 돼야 하는 마당인데 말이다. 1916년 7월~11월, 솜 전투*의 희생자는 상상을 초월했다. 전투 첫날인 7월 1일에만 수십만 명이 목숨을 잃었다. 연합군이 불과 10킬로미터를 전진하는 데 양쪽에서 100만 명 이상의 사상자가 발생했다. 총과 포탄의 등장으로 전쟁은 형태와 이름을 알 수 없는 '거대한 도살장'으로 변모했다. 전쟁은 인류에게 영웅적인 꿈을 불어넣기는커녕, 셀린Louis-Ferdinand Céline식의 환멸에 찬 냉소주의만 고취시켰다.

그럼에도 수 세기에 걸쳐 전쟁이 도덕적 가치를 잉태하는 모태가 될 수 있었던 이유를 알고 싶다면, 제1차 세계대전이라는 역사적 전환점을 훨씬 더 거슬러 올라갈 필요가 있다. 필자는 2022년 2~3월 전 세계가 소스라치게 놀랐던 사실을 생생히 기억한다. "이번에는 **진짜** 전쟁이 일어났다." 당시 전쟁이 일어났다는 확신은 TV 화면을 통해 널리 전파되며, 우리 의식을 강력히 파고들었다. 그도 그럴 것이 이번에는 참담할 정도로 선명하게 죽음의 형상이 우리 눈앞에 생생하게 펼쳐졌다. 분명 무엇인가 **심각한** 일이 벌

---

* 제1차 세계대전 중 프랑스의 솜강 유역에서 영국·프랑스 연합군과 독일군 간 벌어진 참호전. 1918년에 있던 솜 전투와 구분하기 위해 '1차 솜 전투'라 부르기도 한다.

어지고 있었다. 더 이상 은유나 비유 혹은 심상으로써 전쟁을 이야기하는 게 아니었다. 그것은 진짜 폐허와 주검이 실존하는 전쟁이었다. 중세에는 '전쟁을 한다'라는 뜻으로 이런 표현을 발명해냈다. "자신의 육신을 죽음의 모험에 내놓다."

하지만 단지 죽음이 존재한다고 해서 모두 전쟁인 것은 아니다. 두 범죄조직이 벌이는 세력다툼, 사이코패스 범죄자가 행하는 살인 행위에도 분명 죽음은 존재한다. 하지만 전쟁의 경우, 죽음은 매우 특수한 형태를 띤다. 전쟁에서의 죽음은 **규범화된 교환**, 심지어 '의례화된' 교환이라고까지 부를 수 있는, 일종의 교환 행위를 수반하기 때문이다. 전쟁의 두 주체(군대)는 특수한 교전 규칙에 따라, 정해진 공간 안에서, 일정한 시간 동안, 서로 충돌한다. 전쟁 당사자들은 각기 자신의 목숨을 내놓은 상태에서 타인의 목숨을 위협한다. '진짜' 전쟁은 양쪽 모두 목숨을 잃을 위험을 감수해야 하는 죽음의 상호성을 요구한다. 그런 만큼, 무고한 시민이나 무장하지 않은 군인을 겨냥한 모든 종류의 '살상 행위'는 비난받아 마땅한 행위이자, 심지어 '전쟁 범죄'로까지 간주되는 것이다. 가령 민간 건물을 폭격하는 것은 전쟁범죄다. 아무런 이유 없는 무고한 학살도 전쟁범 죄다. 이런 잣대에 의한다면, 가령 히로시마나 나가사키에 대한 원폭 투하 역시, 만일 우리가 폭격의 구체적인 배경 (전면전 위험)이나 전술적 목적(일본의 침공이 가져올 막대한 손 실을 예방하고, 세계전쟁을 종식시키려는 목적)을 고려하지 않았 다면, 충분히 전쟁범죄로 간주될 수 있었으리라는 점은 굳 이 강조할 필요가 없을 것이다.

가장 완벽한 형태의 상호성을 보여주는 죽음의 교환은 철저히 이상화된, 가히 전설이라고 해도 좋을 만한 형태 로, 각종 영웅 서사에 등장한다. 가령 호메로스의 노래, 원 탁의 기사에 관한 시, 〈스타워즈〉의 모험담 등에 이르기까 지, 기사들의 대결을 다룬 수많은 영웅 서사가 대표적이 다. 거기에는 서로 얼굴을 맞대고 펼치는 결투에 대한 이 야기, 순수한 힘의 충돌에 대한 묘사가 즐비하다. 모든 일 은 언제나 밝은 대낮에 주인공들이 선택한 사방이 탁 트인 공터에서 공명정대하게 이뤄진다. 한 마디로 **열린** 공간에 서 모든 일이 진행된다. 결투 중에는 모두가 상대를 존중 한다. 중요한 것은 상대를 궤멸시키는 것이 아니라 상대를 이기는 것, 적을 절멸시키는 것이 아니라 적을 능가하는 것이기 때문이다. 상대를 경멸하는 마음도 존재하지 않는다. 상대의 가치가 곧 나의 가치를 결정짓기 때문이다. 전투는 상대의 저항에 맞서 **자신**을 뛰어넘고, 더 강력한 에너지를 끌어내려는 의지에 의해 고취된다. 전투는 무시무시한 에너지, 끓어오르는 열정, 활력, 그리고 **진정한 마음²**을 전제한다.

하지만 바로 그러한 점에서 전쟁은, 항상 비난에 시달리듯, 혼돈스러운 폭주의 위험을 내포한다. 자신이 만들어낸 힘의 소용돌이에 스스로 빨려 들어갈 위험이 존재한다. 살상을 향한 광기는 언제든 솟아오를 수 있다. 가령 가령 미치광이 기사의 신화를 다룬 소포클레스의 비극《아이아스》*를 보라. 그런데 이러한 혼돈에 맞서 살육의 광기를 제어해주는 것이 있으니, 그것이 바로 서사의 장벽이다. 쉽게 말해, 고대의 전사나 기사는 전투에 나서는 순간 인류의 역사에 길이 기억되기를, 자신의 '무훈'이 전설적인 이야기로 기록되기를, 어쩌면 그의 유일한 승리로 간주될 수

---

* 아이아스는 아킬레우스가 죽은 뒤 그의 유품을 둘러싸고 오디세우스와 겨루지만, 이 싸움에서 오디세우스에게 패배하자 분개하여 미쳐버리고 만다.

도 있을 '아름다운 죽음'의 모습이 근사한 조각상으로 빚어지기를 열망하며 폭주의 위험을 억제했다.

한 마디로 서로 전투를 벌인다는 것은 곧 빛나는 무공을 세우기 위해 온 마음을 다해 애쓰는 것, 서로 맞부딪히는 힘의 흐름 속에서 자신의 고유한 에너지를 경험하거나 증강해줄 원천을 찾아내는 것을 의미했다. 전쟁이 역동적인 에너지를 고취한다는 생각은 꽤 오랫동안 지속됐다. 가령 장 드 뷔에유Jean de Bueil는 《주방셀Jouvencel》에서 '두 눈에 가득 눈물을 차오르게³' 만드는 '새롭고 신나는' 전쟁을 예찬했다. 제1차 세계대전에 참전한 에른스트 융거Ernst Jünger*도 매섭게 휘몰아치는 '강철 폭풍' 속에서 모두가 하나가 된 듯한 강렬한 에너지에 고취됐던 경험("우리가 포연 속에 서로 마주했을 때, 우리는 하나가 됐다. 우리는 단 하나의 동일한 육체에 녹아든, 단 하나의 힘을 구성하는 두 요소에 해당했다"⁴)을 이야기했다. 이처럼 전투는 언제나 강력한 존재론적인 순간을 향해 인사를 건네왔다.

---

* 독일의 군인이자 작가이자 곤충학자.

＊＊＊

하지만 이러한 영웅적인 열정 외에도(혹은 그에 반대하
여), 고대 그리스 철학은 민주주의 시대에 또 다른 윤리적
힘을 출현시켰다. 그것이 바로 용기다. 하지만 여기서 말
하는 용기란 열의보다는 오히려 잘 버티는 능력을 의미한
다. 혈기나 광란이 아닌, 끈기와 인내심을 뜻한다. 이런 윤
리적인 혁명은 당시 군사적인 변혁과 궤를 같이 했다. 새
로운 전투방식인 팔랑크스**가 발명되면서 민주주의 그리
스는 페르시아 왕국을 상대로 벌인 전투에서 줄곧 승리를
거두며 아테네 시민의 애국심을 뜨겁게 고취했다. 그리스
군대는 5세기 이후 모든 도시국가에서 호플리테스*** 전술
을 구사했다.

호플리테스 전술이란 무엇인가? 전방에 적당한 간격으
로 (기마병, 보병, 궁수 등을 다소 어수선하게) 분산 배치된 적군

** 고대 그리스 시민군의 부대 형태 혹은 전술로, 투구와 갑옷 등 보호 장비를 착
용하고 창과 방패를 지닌 많은 수의 병사들이 서로 바짝 붙어 밀집해 움직이
면서 적군을 압박하는 방식을 뜻한다.
*** 창과 방패로 무장한 중무장 보병.

을 상대로, 창을 든 병사들을 겹겹이 세워 단단한 벽을 쌓는 전술을 의미한다. 각각의 병사는 오른손에 창을 쥐고 왼손에 둥그런 방패(그리스어로 **호플론**hoplon이라고 불리는 방패)를 들어 자신의 왼쪽 옆구리를 보호한다. 이때 해당 병사가 든 방패의 끄트머리 반원은 왼쪽 병사의 오른쪽 측면을 함께 보호한다. 물론 해당 병사의 오른쪽 측면은 오른편에 선 또 다른 전우의 방패가 가려줄 것이다.

호플리테스들이 이루는 방진(팔랑크스[5])을 머릿속에 떠올려보면, 금세 연대와 평등의 훌륭한 은유를 발견할 수 있다. 이런 전술에서는 개인의 의미가 중요하게 부각되지 않는 만큼 완벽한 평등이 구현될 수 있다. 특히 기사들의 싸움에서 보는 것과 같은, 무훈을 쌓아 '이름을 날리려는' 의도 따위는 찾아볼 수 없다. 개인이 전공을 올리려고 욕심을 부리는 순간, 전군의 단결력이 위태로워질 수 있기 때문이다. 팔랑크스의 힘은 균등하고 단합된 집단적 성격에서 비롯된다. 한편 팔랑크스 전술은 모든 병사가 또 다른 병사로 무한히 '대체될 수 있다는' 미덕을 지닌다는 점에서도 역시 평등을 구현한다. 보병 한 명이 쓰러져도 곧바로 뒤의 보병이 자리를 대신 채우고 대열을 복구한다.

마지막으로 모든 호플리테스가 제2의 호플리테스를 보호하는 동시에, 자기 자신도 제3의 호플리테스에게 보호를 받는다는 점에서, 팔랑크스 전법은 완벽한 연대의식을 구현한다. 각자가 타인의 용기에 의지한다고 볼 수 있다. 그런 의미에서, 그들은 적군에 **대항해서** 싸우는 것이 아니라, 전우를 **위해** 싸운다고 할 수 있다.

팔랑크스 전법에서 우리가 배울 수 있는 윤리사상은 바로 **꿋꿋이 버티기**다. 팔랑크스 전술은 자신들을 분열시키고 뒤흔들려고 시도하는 적군의 공격에 맞서 결연하게 제자리를 지키고 대열을 사수하는 것을 의미하기 때문이다. 소크라테스는 실제로 포티다이아 전투에 호플리테스로 참전해 직접 타의 모범을 보인 일화로 유명하다. 그 후, '젊은이들을 타락시키고 새로운 신을 발명해낸' 혐의로 재판정에 서게 된 소크라테스는 자신의 죄를 인정하면 체면을 구기지 않고 국외로 망명시켜주겠다는 아테네 재판관들의 회유에 곧장 이렇게 답변했다. "나는 조국에서 '의식을 깨우는 자'라는 내 본연의 지위를 지키겠소. 호플리테스로 싸우면서 배운 것이 하나 있소. 설사 죽음의 위기가 닥치더라도, 위험이 임박한 그 순간까지도, 꿋꿋이 버텨야 한다는 사실이요."[6]

꼿꼿이 버티기는 사실상 군인이 지녀야 할 중요한 덕목이다. 몇 주일씩 마리우폴 아조우스탈 제철소에서 끈질긴 항전을 벌이다, '우크라이나 정부의 명령'을 받고 2022년 5월 16일 퇴각한 우크라이나 병사들의 정신을 고취한 것도 바로 이 정신이었다. '꼿꼿이 버티기'는 러우 전쟁 중 벌어진 각종 시가전에서도 강력한 힘을 발휘했다. 사실 미사일을 쏘아 주요 도로와 공항을 마비시키고, 도시의 숨통을 조여 시민들을 지치게 만들기란 비교적 어렵지 않다. 하지만 전쟁에서 최종 승리를 선언할 수 있으려면, 침략군이 도시 안으로 입성해야만 한다. 상대가 직접 항복을 선언하는 경우가 아닌 한, 어떻게든 건물 하나하나, 구역 하나하나 순차적으로 도시를 점령해야 한다. '전쟁을 하다'라는 말이 두 강대국이 공식적으로 선전포고를 하고 각자가 모집한 병사들을 들판이나 탁 트인 평원에서 서로 맞붙게 하는 것을 의미하던 시대는 이미 지났다. 두 교전국이 바짝 긴장한 채로 첫 공격을 개시할 순간을 위해 해가 뜨기만을 기다리던 시대는 이미 오랜 과거에 불과하다. 현대 전쟁은 바야흐로 시가전의 시대다. 도시 하나하나 차례대로 싸워 이겨야 한다. 2022년 봄 하르키우와 헤르손의 민가에서 직접 총을 들고 싸우던 우크라이나 병사나 애국자들에게서 찾아볼 수 있었던 정신 역시 바로 최대한 오래도록 꿋꿋이 버티기였다. '꿋꿋이 버티기'에 내포된 윤리적 힘은 상대를 공격할 때 발현되는 열띤 투지와는 반대로, 매우 방어적인 성격을 띠는 동시에 정신적인 노력을 필요로 한다. 성 토마스는 저항을 의미하는 수스티네레sustinere와 공격을 의미하는 아그레데레aggredere를 서로 대비시키며, 상대를 공격할 때는 영혼이 오로지 육체의 광란에 이끌리지만, '꿋꿋이 버티기' 위해서는 정신의 노력이 필요하다고 지적했다.[7] 사실상 수스티네레가 지닌 도덕적 우월성은 매우 중요한 정신적 능력을 키워준다. 그것이 바로 자기통제력이다. 어쨌거나 플라톤이 지적한 것처럼, 자신의 욕망과 격정을 제어한다는 것은 결국 그러한 감정들에 맞선 '전쟁'에서 결코 무릎을 꿇지 않는 것을 의미하기 때문이다.[8]

* * *

전쟁의 윤리적 양면성은 다시 한번 말하지만 상당히 양극단적이다. 전쟁은 인간에 내재한 저주받은 측면(살기 넘치는 야수성, 극악무도한 잔혹성)과 더불어, 신성한 측면(희생과 헌신)을 동시에 드러낸다. 윤리적 양면성의 문제를 해결할 수 있는 가장 간단한 해법은 앞서 기술한 것처럼 전쟁 당사자들에게 각기 상반된 역할을 부여하는 것이다. 가령 푸틴을 국민의 운명에 무관심한 사이코패스 독재자이자 냉혹한 인간으로, 젤렌스키를 결기에 찬 모범적인 영웅으로 간주하는 것이다. 보드카에 찌들고 증오와 우둔함으로 가득 찬, 짐승 같은 병사들로 구성된 러시아 군대를, 눈부실 정도로 용맹스럽고 뜨거운 애국심에 고취된 우크라이나 민병대와 서로 대비시키는 것이다.

예로부터 영웅적인 전투는 수많은 문학 작품을 통해 예찬받아 왔다. 가령 히포크라테스, 라보에티, 루소 등이 그리스가 페르시아를 상대로 거둔 승리에 대해 이야기했다. 그런데 그들의 이야기는 다른 전투에도 충분히 적용해볼 만한 중요한 분석 도구를 제공한다. 페르시아인은 분명 수적으로는 우세했지만 돈을 받고 싸우는 데 불과했던 반면, 그리스인은 자유와 역사와 가족을 위해 치열하게 싸웠다. 결국 투지가 다른 모든 것을 이겨낸 것이다.

세계대전 기념비 앞에서 행해지는 추모 연설도 비슷한

구도를 그대로 보여준다. 대개 추모 연설은 병사들의 자기 희생 능력을 칭송한다. 그의 희생에 힘입어 자유와 조국이 온전하게 살아남을 수 있었다며 병사의 희생을 치하한다. 오로지 복종에 따라 폭군에게 목숨을 바치는 노예 군대는 흔히 정의의 가치를 사랑하는 문명 시민과 서로 대비된다. 자유의 병사가 수호하고자 하는 것은 일정한 역사와 문화(언어, 종교, 제도, 문화유산)에 의해 형성된 한 민족의 정체성, 더불어 사는 삶, 그리고 가치관의 공동체(정의, 분배, 준법 등)다. 외세의 침략은 바로 이러한 윤리적 총체성을 위협한다. 외세는 이러한 윤리적 총체성을 부인하고 약화하기 위해, 한 마디로 말살하기 위해 다른 나라를 침략한다.

초월적 가치(자유, 정의)와 총체적 존재(조국, 민족정체성)를 위해 자신의 목숨을 희생하는 능력은 우리를 곧장 도덕의 심장부로 인도한다. 사실상 자신을 희생하는 체험의 핵심이 바로 도덕이기 때문이다. 누군가 자신의 삶을 희생하기로 마음먹었다면, 무엇인가를 위해 목숨을 바치기로 결정했다면, 그것은 내재적인 삶보다 훨씬 더 높은 차원이 존재한다고, 보존의 법칙에 앞서는 초월적인 규범이 존재한다고 생각하기 때문일 것이다. 인간은 이런 우월성을 시험하고 확인하기 위해, 우발적이면서도 비본질적으로 간주되는 것, 다시 말해 내재적인 우리의 존재, 피동적인 우리의 생물학적 삶을 부인할 수 있는 것이다.

우리는 우리를 살게 만드는 바로 그 가치와 이유를 위해, 언제든 목숨을 내던질 준비가 되어 있다. 전쟁이 독재 대 민주주의, 제국주의 대 민중의 권리, 굴종 대 자유의 대립으로 치닫는 순간, 마치 전쟁은 풍요로운 삶이 제공하던 안락함, 물질적인 것에만 집중된 관심, 평화로운 상태에서 잊고 지내던 수많은 가치를 순식간에 다시 일깨워주는 듯하다. 그런 의미에서 헤겔은 주저없이 '전쟁의 이점'에 대해 이야기한 것이다. 그에 따르면, 전쟁은 우리 내면에 본질적인 것의 의미를 되살려준다. 이처럼 애국적 영웅의식의 변증법적 구조(우리를 살도록 하는 것이 우리를 죽게도 만든다)를 예리하게 꿰뚫어본 헤겔은 관념적으로는 '논리적인' 것이 겉으로는 철저히 추악해보일 수 있다는 결론에 다다랐다. 그런 의미에서, 근본적인 가치를 되찾고, 무의미한 것과 본질적인 것을 서로 구분할 수 있는 능력을 회복하는 데 있어 사실상 전쟁**보다 나은 것은 없다**고 생각했다. 헤겔은 오랜 평화란 언제나 윤리적 경험의 칼날을 무디게 만드는 법이라고 생각했다. 결국 풍요롭고 평온한 삶에 젖어 우리의 정신이 이기적인 셈법에만 몰두하게 할 것이라고 여겼기 때문이다.[9]

한편 이 3대 덕성(자기극복, 끈기, 헌신)을 더욱 빛내줄 마지막 전쟁의 가치가 하나 더 있다. 앞선 덕목들보다 조금 더 이중적인 성격을 갖는 가치는 바로 복종이다. 신속하고, 정확하고, 철저하게 명령을 이행하는 것은 군인이 지켜야 할 중요한 덕목 중 하나다. 군대에서 병사는 엄격히 규율을 따라야 하고, 규율에 불복종한 병사는 엄벌에 처해진다. 심지어 과거에는 도저히 개도할 수 없는 아이를 군대에 보내 '복종하는 법을 배우도록' 한 적도 있었다. 전쟁에서 복종은 분명 필수불가결하고 귀중한 덕목이다. 복종은 체계적으로 작전을 수행하기 위한 밑거름이다. 개인이 공동의 목표를 위해 결속하고, 이기적인 충동을 억제하고, 자신의 한계를 극복하며, 타인을 배려하고 자신을 기꺼이 희생하게 만든다. 그럼에도 군인의 복종이 어떤 식으로도 극복하기 힘든 양면성을 지니는 것 또한 사실이다. 한편으로 복종은 군인에게 반드시 필요한 칭송받을 만한 덕목으로 간주되며, 복종하는 자를 고귀한 존재로 높여준다. 하지만 다른 한편으로 복종은 볼테르가 《캉디드》에서 묘사한 완벽한 자동기계(오토마톤)에나 어울릴 법한, 매우 기계적이고 편협한 태도로 인식되기도 한다. 사실상 군인의 복종은 모든 판단과 이론의 여지를 배제하는, 무조건적이면서도 맹목적인 성격을 띠기 때문이다.

투지, 용기, 희생적 영웅정신, 복종 등 전투 중에 단련되는 '정신적인 힘들'은 최근 사태에서도 여실히 찾아볼 수 있다. 우크라이나 국민은 세계적으로 강력하기로 유명한 러시아군을 상대로, 전격전으로 끝날 줄 알았던 은밀한 기습 공격에 맞서, 최악의 시나리오를 무색하게 할 정도로 놀라운 활약을 보여줬다. 많은 군사전문가는 국경에 집결한 탱크 규모만 보고, 전쟁이 우크라이나에 매우 치명적인 타격을 가하며 '속전속결'로 끝날 것이라 예견했다. 하지만 우리도 잘 알다시피, 전문가가 예견한 상황은 벌어지지 않았다. 물론 지휘체계도 허술하고 노후화도 심각한 러시아군을 과대평가한 서구의 오판이 잘못된 추측을 낳았을 수 있다. 하지만 무엇보다 가장 큰 이유는 암암리에 개인주의와 무신론이 만연한 우리 시대가 정신적인 힘이 지닌 위력을 잊고 지냈다는 사실이다. 참혹한 시련이 결연한 기운을 불어넣듯, 놀라운 정신적 힘이 한 민족 전체를 운명에 맞서 분연히 일어서게 할 줄은 아무도 상상하지 못했던 것이다.

전쟁에 대한 도덕적 해석, 무력분쟁이 윤리적 영웅정신을 낳는 모태가 되어왔다는 견해는 매우 중요하다. 보브나르그Vauvenargues가《성찰과 잠언Réflexions et maximes》에서 기술한 것처럼, 사실상 "전쟁을 선동하는 것이 악(종종 전쟁은 전쟁터에서 직접 싸울 일이 없는 지도자들의 파렴치한 정치적 속셈 때문에 일어난다)이라면, 전쟁에서 싸우는 것은 덕"이기 때문이다. 하지만 전쟁터에서 정신적 가치(용기, 헌신, 희생)를 발현할 수 있기 위해서는 몇 가지 조건이 충족돼야만 한다. 양측 모두 똑같이 목숨을 내놓고 싸워야 한다는 동등한 죽음의 교환이 전제되어야 한다. 또한 전투의 규칙을 철저히 준수해야 하고, 사기나 기만은 배제해야 하며, 무고한 민간인은 전적으로 보호해야 한다.

마지막 결론을 맺기에 앞서, 전쟁 체험의 어두운 면, 저주받은 측면, '폭력의 암울한 얼굴'에 대해 잠시 언급해보고자 한다. 불안, 공포, 스트레스, 아드레날린 등은 사람을 무아지경이나, 분노 폭발, 통제 불능의 에너지 분출, 광기 어린 격분 상태로 쉽게 몰아넣으며, 남녀노소를 가리지 않은 무자비한 학살과 광적인 살인을 자극한다.[10] 물론 우리는 이와 같은 감정의 폭발을 일으키는 신경정신학적 메커니즘(보상기전상실*)이나, 누군가를 광적인 살인에 이르게 하는 '합리적 이유'(자신의 불안감을 해소하기 위해, 죽은 동료를 대신해 복수하기 위해 등) 등을 설명해볼 수도 있을 것이다. 그리고 얼마나 인간이 폭발된 감정 속에 깊이 빠져들어 스스로 자신의 추악한 면을 은폐하려 하는지 자문해볼 수도 있을 것이다. 우리는 이런 종류의 '해석'에 대해서는 뒤에서 차차 프로이트가 이론화한 죽음의 충동 개념을 토대로 살펴볼 것이다. 하지만 어쨌거나 전쟁이 양극단적인 성격을 지닌다는 사실만은 결코 변하지 않는다. 전쟁은 인간의 내면에 가장 고귀한 덕성과 가장 야만적이고도 파괴적인 충동을 동시에 흔들어 깨우며, 고결한 위엄과 잔혹한 비열성이라는 인간의 양면성을 고스란히 드러낸다.[11]

---

* 질병이나 스트레스로 인체의 장기가 올바르게 작동하지 못하여 제 역할을 다하지 못하는 상태.

3 장

'정의로운' 전쟁이란
무엇인가?

전쟁이, 특히 전쟁에 임하는 군인의 정신적 자질이 '도덕적'일 수는 있어도, 전쟁이 '정의롭다'고는 말할 수 없지 않을까? 항상 전쟁을 선포하고, 결정하고, 개시하는 것은 나쁜 이유들 때문인데 말이다. 폭력에 기대는 방법도 그 자체로 불법이 아니던가? 덕망 있는 기자나 정의로운 칼럼니스트는 틈만 나면 이렇게 분개한다. "어떤 형태의 폭력도 절대 용납할 수 없다." "모든 폭력은 반드시 단죄해야 마땅하다." 특히 이런 주장은 과격 시위가 벌어질 때마다 우리 사회에 단골손님처럼 등장한다. 종종 시위는 폭력 사태로 변질되곤 한다. 일부 과격분자가 난동을 피우거나, 경찰이 비상식적으로 과잉 진압을 불사하거나, 쌓이고 쌓인 시민들의 좌절감이 거대한 분노가 되어 폭발하는 경우가 대표적인 예다. 하지만 미디어는 "어떤 형태"의 폭력도 절대 용납할 수 없다고 무조건적으로 주장하거나 강요하려고만 한다. 그런 의미에서 우리는 폭력 행위의 '근원을 규명'하거나, '이유를 찾아내기'가 매우 어렵다. 혹여 그랬다가는 순식간에 폭력 행위를 변호한다거나 정당화한다는 의심을 살 수 있기 때문이다. 상황이 이렇다보니 아무리 철학적으로 근거가 충분하더라도, **자동사적**intransitive 폭력의 가능성을 공공연한 자리에서 지적하기란 불가능하다. 그저 무력한 분노의 표현일 뿐 아무런 정의의 문제도 제기하지 않는 폭력의 가능성에 대해서는 입도 뻥긋 할 수 없는 것이다. 우리 시대는 이처럼 현실 속에서 어떤 폭력도 용납하지 않는다. 반면 예술 분야에서는 우리의 뇌를 자극하는 각종 견디기 힘든 폭력들로 가득 찬 상상계가 대거 생산되고 있다. 뿐만 아니라, '폭력을 생산하고', 트라우마를 조장하고, 연민을 강요하는 현상들이 점차 우리의 공론장으로까지 무한히 확대되고 있다. 이처럼 현실세계에서는 폭력을 단호히 거부하면서, 정작 상상계에서는 폭력을 과도하게 중시하며, 트라우마를 널리 일상화하는 현상은 오늘날 확실히 일종의 **시스템**을 형성하기에 이르렀다.

　이런 사실에 입각할 때, '정의로운' 전쟁은 개념 자체부터 매우 부적합하고, 거슬리고, 끔찍하게 느껴질지도 모른다. 모든 전쟁은 반드시 고통과 죽음, 심리적 폭력과 신체적 파괴를 동반한다는 사실을 잘 알기 때문이다. 그럼에도 정작 우크라이나군의 자위적 전쟁에 대해 적법성을 문제 삼는 사람은 아무도 찾아볼 수 없다. 그런 의미에서 우리는 좋은 전쟁과 나쁜 전쟁, 정의로운 전쟁과 불의한 전쟁은 왜, **누가 전쟁을 하는지**에 따라 판가름 나는 것이라고 이해해볼 수 있을 것이다.

정의로운 전쟁에 관한 문제는 초대 기독교 교부에서 국제법학자에 이르기까지, 르네상스 시대 인본주의자에서 20세기 위대한 정치사상가에 이르기까지, 서구 사상의 오랜 전통 속에서 장기간 꾸준히 제기되고 연구되어 왔다. 그 결과 정의로운 전쟁에 대한 깊은 성찰[1]은 최소 두 가지 사상적 토대를 잉태하게 된다. 첫째, 동기가 정의롭다면 전쟁도 정당화될 수 있다고 간주하는 '정의로운 명분'을 강조한 전쟁 개념이다. 둘째, 교전국이 교전수칙만 잘 지키면 전쟁의 정당성이 성립될 수 있다고 보는 체계적이고 관례화된 전쟁의 개념이다. 두 명확한 문화적 차원의 전쟁관은 오늘날 완벽하게 기록자료('정당한 명분jus ad bellum'*,

'정당한 수단jus in bello'**)로도 남아 있다. 하지만 이 두 개념 외에, 우리는 전쟁과 법을 모호하게 연결시킨 또 다른 낡은 전쟁관에 대해서도 질문해볼 수 있다. 가령 대규모 전쟁을 일종의 법정으로 해석하며, 전쟁의 승리가 곧 위대하고도 놀랍고도 단호한 정의의 심판이라고 간주하는 시각이 분명 존재한다.

우리가 흔히 '정의로운' 전쟁을 말할 때 머릿속에 떠올리는 것은 '정의로운 명분'의 전쟁이다. '정의로운 명분'의 전쟁에서는 전쟁을 벌이는 이유가 좋은지, 나쁜지에 관한 의문이 제기되며, 이러한 견해에서 '좋은' 전쟁을 규정하는 다양한 기준들이 제시된다. 정의로운 전쟁의 이론적 체계를 구상하고, 토대를 쌓은 것은 기독교 교부들이었다. 덕분에 10세기에 걸친 오랜 성찰 끝에 탄탄한 구조가 다져질 수 있었다. 기독교가 전쟁에 대해 그토록 열심히 성찰한 이유는 역설적이게도 평화의 계율을 너무나도 중시한 종교였기 때문이다. 일부 성서의 계율은 때로는 많은 이

---

* 전쟁 개시의 정당성을 다루는 개전법.
** 전쟁 개시의 정당성을 다루는 교전법.

들에게 놀라움과 충격을 선사할 정도로 상당히 엄격했다. "원수를 사랑하라.""오른뺨을 맞으면, 왼뺨을 내밀어라." 이런 무시무시한 계율을 보면, 언뜻 기독교가 모든 전쟁을, 심지어 **자위적**自衛的인 전쟁마저 반드시 엄벌해야 할 사악한 행위로 간주할 것처럼 느껴진다. 하지만 기독교 교회가 모든 무력분쟁에 무조건적으로 반대한 것은 아니었다. 때로는 전쟁에 대해 지나치게 비타협적인 태도가 오히려 위험하거나 심지어 무책임하다고까지 바라봤다. 가령 "공격당하는 사람을 돕지 않는 자는 공격하는 사람처럼 죄인"이라고 확신한 성 암브로시우스[2]에게 우리는 어떤 말을 해줄 수 있을까? 사실상 공격받는 자를 돕기 위해선 어쩔 수 없이 공격하는 자와 싸움을 벌여야 하는데 말이다. 또 기독교도가 되기 위해 세례를 받기를 원하는 군인에게는 뭐라고 답변해야 할까? 군인은 기독교 입문이 금지된 일을 해서 세례를 해줄 수가 없다고 말해줘야 할까? 테리툴리아누스***나 오리게네스****는 주저하지 않고 '그렇다'

*** 기독교 교리를 형성하고 신앙을 순화하고자 애쓴 카르타고의 교부이자 신학자.

고 확신했다. 반면 이런 엄격한 규율에 맞서, 가령 아우구스티누스 등은 사적인 성격의 폭력과 공적인 성격의 전쟁을 서로 구분하며, 그리스도가 단죄하는 것은 오로지 사적인 폭력뿐이라고 주장했다.

사실상 기독교 교회는 보편적 사랑을 구현한다는 점에서 모든 폭력, 심지어 자위적 성격의 폭력조차 금기시할 것처럼 생각된다. 하지만 기독교 교회는 일찌감치 전쟁을 허용했다. 단 몇 가지 엄격한 조건을 내걸었다.

먼저 기독교도는 전쟁을 벌일 수 있지만, 전쟁을 찬양하거나 시를 써서 예찬할 수는 없었다. 전쟁에 관한 세속적인 영광, 전쟁 영웅에 대한 숭배는 철저히 비판받았다. 여기서 우리는 전쟁을 벌일 수 있는 극히 제한된 조건 중 첫 번째 조건을 확인할 수 있다. 전쟁은 오로지 강제적인 이유에 의해서만 벌여야 한다는 것이다. 어쩔 수 없는 상황 때문에 전쟁을 벌여야지, 결코 기꺼운 마음으로 전쟁을 벌

**** 알렉산드리아 학파의 대표적 신학자로 성서를 비유적으로 해석하여 기독교와 플라톤, 신플라톤학파의 사상을 결합하고 체계적인 신학을 수립한 최초의 기독교 신학자.

이거나 사적 이익을 추구하기 위해 전쟁을 일으켜서는 안 된다는 뜻이다.[3]

두 번째 조건은 사적인 복수와 공적인 전쟁을 서로 구분하기 위해서 나온 조건으로, 전쟁은 오로지 주권을 지닌 권력주체의 결정에 의해서만 일으킬 수 있다는 것이다. 이는 형식적이기는 해도 분명 필수적인 조건이다. 국가나 공적 권위기구 혹은 군주가 결정하고 수행할 때에만 전쟁이 정당화된다.

세 번째는 오로지 불의를 당한 경우에만 전쟁을 일으킬 수 있다는 조건이다. "Unica et sola causa justa: injúria"('유일하고도 정당한 명분'). 여기서 가장 먼저 생각해볼 수 있는 불의란 자신은 전적으로 무고하고innocens (해롭지 않은) 합법적인데, 상대에게 공격이나 침략을 당하는 경우다. 그것은 명백한 사법정의의 부정déni de justice flagrant에 해당한다. 자기방어, 자신의 완전성 수호는 이론의 여지 없는 전쟁 사유에 해당한다. 침략당한 국가와 침략한 국가가 서로 대등하지 않고 비대칭적이라는 시각은, 유럽이 러우 전쟁을 지지하는 명분과 부정한 전쟁과 합법적인 전쟁을 구분 짓는 근거를 제공했다. 자위적인 전쟁은 언제나 본질적으로 정당하다. 무력은 무력으로만 물리칠 수 있다. 상대가 먼저 공격해서 대응하는 경우, 모든 전쟁은 그 자체로 정당한 것으로 간주된다.

더욱이 우리는 처음에 블라디미르 푸틴이 우크라이나 침공을 각종 선제적 도발에 대한 **대응**이라고 강조하기 위해 얼마나 공을 들였는지 잘 기억한다. 그는 가령 암묵적인 협정을 깨고 동진하는 나토의 위협, 돈바스 지역 내 러시아인에 대한 만성적인 문화적 말살 행위, 친나치 세력의 존재 등을 침공의 이유로 거론했다. 요컨대, 아무리 추잡한 전쟁도 언제나 자기방어를 위한 전쟁으로 미화되기 마련인 것이다.

공격에 대한 대응 외에 또 다른 성격의 '정당한 명분juste cause'이 존재한다. 직접적인 공격은 아니지만 상대에게 당한 불의에 대한 배상(복구)이다. 이를테면 한 강대국이 국경 밖으로 나가 국지적으로 약탈을 벌이고, 불을 지르고, 마을을 파괴하는 토벌작전을 펼치거나, 인접국의 국민을 약식 처형하는 경우를 생각해볼 수 있다. 우리는 기나긴 인류의 전쟁사에서 '불의'가 전쟁을 개시하는 계기나 원동력, 심지어 핑곗거리가 된 사례를 수도 없이 확인할 수 있다.

정당한 명분의 전쟁론은 '불의에 대한 배상' 성격의 전쟁을 민법(피해에 대한 보상)과 형법(과오에 대한 처벌)에 빗대어 설명한다. 흔히 정의로운 전쟁은 더 많은 희생자와 고통을 초래할수록(영원토록 피하기 힘든 '부수적 피해'를 떠올려보자), 더욱 징벌적인 용어를 사용하는 경향이 있다. 가령 이러한 전쟁은 '불량국가'를 처벌하고, '살인자 독재자'를 처단하고, '폭군 도살자'를 응징하고, '범죄자 군주'를 몰아내기 위한 전쟁으로 포장된다. 마치 '악'의 화신을 상대로 치르는 전쟁에서, 만인은 모든 시련을 감내하는 것이 당연한 것처럼 여겨진다. 정의로운 전쟁은 관념적인 차원에서 선인과 악인, 심판자와 범죄자를 서로 구분한다. 말하자면, 두 전쟁 당사국이 각기 도덕적으로 비대칭적이라는 시각에 토대한다.

정의로운 전쟁을 연구한 이론가들은 여기에 미묘하지만 핵심적인 조건을 한 가지 덧붙였다. 그것이 바로 '올바른 의도intentio recta'[4]였다. 구체적으로 말해, 전쟁의 합당한 '명분'과 단순한 핑계를 구분하자는 것이었다. 만일 군주가 상대의 잘못을 애써 유도할 필요도 없이 순전히 자신이 입은 손해를 핑계로 전쟁을 개시해 실제 입은 손해와 무관하게 자기 이익만을 추구하려 한다면, 그것은 결코 정의로운 전쟁이라 할 수 없었다. 요컨대 오로지 중요한 고려 대상은 불의뿐이었다.

여기까지가 정의로운 전쟁에 대한 기독교 이론의 핵심이다. 이러한 이론은 수 세기에 걸쳐 최소 두 가지 방향으로, 특히 확대와 제한이라는 서로 상반된 방향으로 발전해 나갔다.

형법에서는 단순히 죄의 속죄만 아닌, 그보다 더 고차원적인 사안을 고려해 형을 내린다. 형법에서 처벌은 범죄자가 자신이 저지른 범죄에 대해 **죗값을 치르게** 만들려는 목적도 있지만, 동시에 공공의 안전을 도모하거나, 미래의 범죄를 예방하려는 의미도 지니기 때문이다. 마찬가지로, 국가도 전쟁을 통해 단순한 레쿠페라티오recuperatio* 이상의 것, 즉 **미래를 위한** 안전을 추구하려 할 수 있다. 정의로운 전쟁론을 연구한 대표적인 이론가 프란시스코 데 비토리아Francisco de Vitoria**는 전쟁을 통해 인간이 단순한 보상

---

* 라틴어로 '회복'을 의미하는 단어. '피해의 복원', '배상'을 의미한다.

이상의 것을 추구할 수 있다고 생각했다. "군주는 적에게서 평화와 안전을 얻어내기 위해 꼭 필요한 경우, 훨씬 더 극단적인 방법을 불사할 수 있다."[5]

하지만 이는 어느 정도 정당성 체계의 근간을 뒤흔들 위험이 있으며, 원칙적으로 불확실할 수밖에 없는 **미래의** 과오를 고려해야 한다는 점에서 죄의 수준을 정확하게 따지기도 힘들다. 미래의 안전과 항구적 평화에 지나치게 치중하는 태도는 전쟁 당사국이 엄격한 손해 배상 논리를 뛰어넘을 위험을 부추긴다. 가령 자국의 국경을 공고히 지키기 위해 타국 영토를 장악하거나, 적국의 힘이 완전히 약해진 것을 확실히 확인할 때까지 사생결단식으로 적을 타격하는 것이다. 이 경우 발생할 수 있는 위험성은 자명하다. 이런 식으로 안전을 추구하는 경우, 전쟁 자체는 수단으로 변질될 수 있다. 또한 **실제 입은** 손해에 상응하는 대응이어야 한다는 관념을 소홀히 대할 수 있다. 심지어 이런 논리를 따르는 경우, 사전에 미래의 피해를 마음대로

** 스페인의 신학자이자 철학자. 자연법에 입각한 국제적 도덕질서를 제창하여 '국제법의 아버지'로 불린다.

예견하려 들 우려도 있다. 그렇게 탄생한 것이 바로 '선제' 공격(2003년 미군이 이라크를 침공하기 위해 내세운 명분) 개념이다. 흔히 선제공격은 분명하게 확인된 위협에 대한 대응으로 간주된다. 하지만 아무리 확실시되는 위협도 실제로는 과장되거나 혹은 진실이 아닐 가능성이 있다. 가령 이라크 침공의 명분을 제공했던 대량살상무기의 존재가 대표적이다. 당시 전쟁은 절대적으로 눈앞에 임박했다고 확실시되던 공격에 **미리** 대응하기 위해 수행됐다. 하지만 '임박성'에 대한 판단은 언제나 철저히 주관적일 뿐이다.

한편 전쟁을 제한하기 위한 이론도 살펴볼 수 있다. 일부 신학자들은 전쟁 의지를 좌절시키기 위해 전쟁 개시의 조건을 까다롭게 제한했다. 먼저 비례성의 원칙을 꼽을 수 있다. 손해를 '복구'하는 과정에서 발생하는 피해가 본래 손해의 정도보다 커서는 안 된다는 조건이다. 즉 우리가 어떤 피해를 입었든, 피해에 대한 배상이 너무 과도해서는 안 된다는 뜻이다. 가령 양측의 사상자, 자신 혹은 다른 사람이 입은 피해 규모를 고려할 때 말이다. 따라서 반드시 자신이 입은 손해 수준에 비례해 대응에 나서야 한다. 그렇지 않을 경우, 아무리 선의에서 시작된 전쟁일지라도 결국 불의한 전쟁으로 전락할 수 있다. 그밖에 또 다른 조건이 있다. 전쟁은 최후의 수단으로만 수행되어야 한다는 것이다. 모든 방법을 강구해도 다른 도리가 없을 때 전쟁을 선택할 수 있다. 마지막으로 또 다른 이론가들은 승리가 확실시되는 경우에만 전쟁을 벌여야 한다는 조건도 내걸었다. 비록 어떤 나라가 피해를 입었더라도 전쟁에서 확실히 승리할 수 있다고 판단될 때에만 복수에 나설 수 있다고 말이다.[6] 그래야만 불필요한 불행을 막을 수 있다는 것이다(하지만 어떻게 승리를 장담할 수 있단 말인가?). 마지막 쟁점은 한 나라가 자국이 직접 당한 경우가 아니라, **다른 곳에서** 일어난 불의에 대해서도 직접 응징에 나설 수 있는가 하는 문제다. 가령 그로티우스*가 역설한 것처럼, 억압받는 민족, 압제에 시달리는 국민을 돕기 위해 대신 나설 수 있는지, 비토리아가 주장한 것처럼, '국제적 권위주체auctoritas orbi'에 제소함으로써 본인이 아닌 타자에게 만행을 범한 국가를 상대로 전쟁을 선포하는 것이 가능한지 등도 쟁점이다.[7]

* 네덜란드 법학자로 국제법의 시조.

수 세기에 걸쳐 기독교 신학자들이 정립한 정의로운 전쟁에 관한 모든 이론은 현대 국제법을 통해 대부분의 기본적 아이디어('정당한 명분'의 필요성, 비례성의 원칙 등)가 계승됐다. 하지만 이러한 이론들은 정작 전투 중에 지켜야 할 행동(이른바 우리가 '전쟁 수행의 정당성jus in bello'라고 부르는 것)에 대해서는 거의 알려주지 않는다. 이 이론들은 오로지 개전의 동기('전쟁 개시의 정당성jus ad bellum')에만 집착하기 때문이다. 그런 의미에서 이번에는 일단 군대가 전선에 배치되고 전쟁이 개시된 이후 전쟁 당사국이 적국을 상대로 무력을 사용할 때 지켜야 할 행동들을 고찰한, 두 번째 이론 체계를 함께 살펴보고자 한다.

물론 전쟁 당사국은 서로를 살상하는 데 동의했지만, 그렇다고 **아무 때나, 아무렇게, 아무나** 마구 죽일 수 있는 것은 아니다. 특히 지난 수 세기에 걸쳐, 인류는 전쟁 중 살상을 할 수 있는 권리에 관한 각종 규칙을 제정하고 이를 규범화하기 위해 노력해왔다. 이러한 노력은 수많은 나라가 참여한 제네바 협약으로 명문화됐다. 여러 나라들이 전쟁 중 지켜야 할 기본적인 금기 사항을 함께 결정했는데, 대표적인 예가 민간인, 무장해제한 군인, 전쟁포로, 외교관을 존중하고, 다자간 방식으로 결정된 휴전협정을 철저히 준수해야 한다는 내용이다. 한편 비단 전쟁 수행 중이 아니라, 전쟁이 개시되기 이전과 이후를 다룬 두 가지 규칙도 함께 규범화됐다. 그것이 바로 전쟁에 앞서 반드시 최후통첩을 동반한 전쟁선포를 해야 하고, 전쟁이 끝나면 사면조항을 담은 평화조약을 체결해야 한다는 규정이다.

이처럼 새로운 이론이 정립된 것은 세계 구도의 변화와 매우 관련이 깊다. 특히 여기서 서구의 '베스트팔렌 전환점'[8]을 거론하지 않을 수 없다. 근대 이전의 낡은 정치 공간은 신비주의 제국을 복원하려는 야심에 사로잡힌, 여러 왕조 간 관계가 복잡하게 뒤얽힌 공국과 분할된 제국과 복잡한 연방들이 뒤죽박죽 뒤섞인 모호한 공간이었다. 하지만 베스트팔렌 조약을 기점으로, 이러한 모호한 공간은 일정한 영토 안에 자국법의 효력을 갖는 수많은 주권국들이 나란히 공존하는, 보다 명확한 구도로 바뀌었다.

사실상 '정당한 명분'에 역점을 둔 전쟁관은 권력의 개인화를 전제한다. 다시 말해, 전쟁 개시의 동기가 도덕적인지, '의도'가 순수한지 등의 문제는 한 개인(군주)에게 제기됐다. 하지만 근대 '국가'론이 출현하면서부터, 서로의 주권을 수용하고, 이를 바탕으로 완벽하게 대등한 관계를 형성하는, 다수의 추상적 실체에 대한 개념이 확립됐다. 소위 주권국은 나라의 크기, 종교, 자원, 민족 등에 상관없이 모두 다른 어떤 나라와도 '동등'한 관계로 간주됐다. 주권이라는 중대한 권리가 지닌 효력(다른 국가와 동등한 관계로 인정)은 초기 정의로운 전쟁관을 인도하던 도덕주의나 심리주의(선한가? 악한가? **진정한** 의도가 무엇인가?)를 탈피하는 결과를 낳았다.

먼저, 사실상 제3자를 상대로 한 공격 혹은 전쟁은 국가의 특권이 됐다. 국가는 굳이 전쟁에 대해 따로 해명할 의무가 없었다. 전쟁을 할 권리는 자국의 권리에 속하므로, 일단 전쟁을 선포하고 나면 그대로 수행하기만 하면 그만이었다. 주권국이 대체 어떤 다른 심판기관에 따로 해명을 해야 할까? 그럼에도 정의로운 전쟁을 규범화하기 위한 노력은 꾸준히 지속됐다. 단, 접근 방식만은 달라졌다. 다시 말해 일정한 법규와 의례를 철저히 준수한, 법적 효력을 지닌 결혼을 의미하는 이른바 '정식 혼인'('정식 유언장'의 의미와도 일맥상통한다)이라는 표현과 비슷하게, 철저히 형식적인 측면에만 집중하게 된 것이다. 요컨대, 정해진 의례(사전 전쟁 선포, 외교적 형식 준수 등)만 잘 준수한다면, 다른 '이유'나 동기를 따질 필요 없이, 무조건 정당한 전쟁으로 간주될 수 있었다. 이로써 전쟁은 '엄숙하고 공적인'[9] 전쟁으로 변모했다. 하지만 이러한 전쟁관은 어떻게든 법만 잘 지키면, 향후 전쟁 덕에 얻게 될 기득권까지 온전히 인정해주는 결과를 낳을 위험이 있다.

외적인 규범을 준수하는 것은 주요 문명국가들이 함께 나누고 지키기가 훨씬 더 수월한 조건이었다. 이는 얼핏 터무니 없어 보이는 개념이 이론적으로 정립되는 단초를 제공했다. 바로 '양측에게 정의로운juste des deux côtés'[10] 전쟁이라는 개념이다. 전쟁 당사국 각자가 일정한 원칙을 양심적으로 철저하게 준수한다는 측면에서 전쟁은 양측에게 정의로운 전쟁이 될 수 있었다. 흡사 페어플레이를 하는 선수들처럼 말이다. 하지만 이것은 도덕이 배제된 정의를 의미한다. 다시 말해 형식적 차원에서 일정한 법규만 잘 준수하면 끝인 것이다.

다음으로, 각 국가가 주권국으로 인정받는 경우, 양국이 서로 간에 어떤 실질적 차이가 있든, **법적으로는** 완전히 동등한 관계로 간주됐다. 사실상 '정당한 명분'의 전쟁을 강조한 기독교 사상에서는 두 교전국이 서로 (도덕적으로) 동등하지 않았다. 양자는 선한 자와 사악한 자, 심판자와 범죄자 등으로 구분됐다. 하지만 국가 간에 철저히 위계를 구분하고 양국을 비대칭적으로 바라보는 시각은 금세 주권을 중시한 사상에서 모욕처럼 받아들여졌다.

'양측에게 정의로운' 전쟁(물론 '격식을 갖춘' 전쟁이라고도 할 수 있다)은 매혹적이면서도 동시에 불편한 개념이었다. 분명 전쟁은 수많은 고통과 희생자를 발생시키는데, 어떤 나라든 그저 일정한 의례만 잘 지키면 전쟁의 동기를 명확히 밝힐 의무 없이, '정의로운' 전쟁을 수행하는 것으로 간주할 수 있다는 시각은 분명 분개할 만했다. 사실 국가의 주권을 보호한다고 여겨지는 이러한 도덕적 측면이 배제된 개념을 수용하려면, 몇 가지 조건이 필요하다. 가령 전쟁을 군인과 민간인을 가리지 않는 끔찍한 학살극으로 만드는, 가공할 살상무기(장거리 무기, 미사일, 핵무기 등)는 사용되지 않아야 한다. 비록 과거 전쟁도 때에 따라 각종 노략질과 약탈 등을 수반했다는 사실은 어느 정도 인정할 수밖에 없을 테지만 말이다. 사실상 인류를 공포에 몰아넣고, 인류의 역사를 잔혹함으로 물들인 양차 세계대전은 인류가 전쟁에 대해 느끼는 정서를 180도 바꿔놓았다. 어느새 전쟁은 견디기 힘든 야만과 동의어가 됐다. 전쟁은 정당함의 문제를 제기할 수도 없을 만큼 무차별적이고도 잔혹한 폭력으로 넘쳐났다. 전후 대규모 국제기구(국제연맹LN에 이어, 국제연합UN)가 설립된 것도 바로 전쟁 재발을 '방지'하기 위해서였다. 각국이 전쟁을 이론의 여지없는 자국의 특권으로 간주하는 대신, 전쟁이 아닌 다른 방식으로 분쟁을 해결할 수 있는 메커니즘을 구축하고자 했던 것이다.

하지만 정확히 전쟁을 제한하는 효과를 기대할 수 있다는 점에서 우리는 '양측에게 정의로운' 전쟁을 옹호할 수는 없을까? 사실상 일정한 교전수칙(민간인 보호, 무장해제한 적에 대한 살상 금지, 포로에 대한 인간적 대우, 휴전협정 준수 등)을 잘 준수한다면, 당연히 전쟁으로 인한 고통과 희생자도 함께 줄어들 테니 말이다. 심지어 우리는 교전수칙만 준수하면 되는 도덕이 배제된 이른바 '엄숙하고 공적인' 전쟁이 오히려 '정당한 명분'의 전쟁보다 훨씬 더 인간적이면서, 훨씬 덜 치명적이라고도 말할 수 있을지 모른다. 사실상 적을 철저히 범죄자로 간주하는 지나치게 도덕이 강조된 전쟁은, 훨씬 더 공격적이고 더 많은 살상을 초래하는 경향이 있기 때문이다. 게다가 '총력전'의 형태를 띨 가능성도 훨씬 더 크다. 사실상 도덕적으로 선의 진영과 악의 진영, 정의로운 세력과 불의한 세력을 서로 구분하려는 순간, 평화는 오로지 적을 완전히 무릎 꿇리고 철저히 말살할 때에만 이룰 수 있는 것이 된다. 도덕이 내포하는 절대적인 차원은 전쟁터에서 극악무도한 잔혹성, 적의 철저한 박멸로 나타난다. 예전에 전쟁은 적이 항복하는 순간까지만 싸웠다. 적이 항복을 표시(백기 등)하면 즉시 적대행위를 멈췄다. 그것이 규칙이었다.

하지만 상대가 절대악을 구현한다면 이야기가 달라진다. 어떻게든 적을 끝까지 말살하고 절멸시켜 다음 기회를 노리지 못하게 만드는 것이 나의 의무가 될 테니 말이다. 반면 '양측에게 정의로운' 전쟁에서는 상대가 **정당한 적**jus-tus hostis으로 간주된다. 적과의 관계는 도덕적인 성격이 아닌, 전적으로 법적인 성격을 띤다. 나는 전쟁 선포를 통해 상대를 일정한 양식에 따라 살상할 수 있는 권리를 허가받았으므로, 상대를 나와 동등한 존재로 간주한다. 그런 의미에서 '격식을 갖춘' 전쟁에서는 적들이 서로를 존중하고, 적어도 상대에게 어떤 증오심도 품지 않는다. 전쟁을 한다는 것은 한시적으로 새로운 사법 시스템에 진입하는 것을 뜻한다. 새로운 시스템에서 적은 내가 전쟁터에서 일정한 규정을 준수해 죽일 수 있는 상대로 규정된다.

반면 '정당한 명분'의 전쟁은 정의와 불의를 서로 구분 짓기 때문에, 나와 적의 동등성을 철저히 파기한다. 그런 의미에서 칸트는 다음과 같이 경고하기도 했다. "독립국가 간에는 결코 **징벌적 전쟁**bellum punitivum이 성립할 수 없다. 사실상 징벌이란 상급자imperantis와 하급자subditum의 관계에서나 가능한 일인데, 국가 간 관계는 그런 관계가 아니기 때문이다."[11] '정당한 명분'의 전쟁은 더 이상 군사작전과 외교협상의 변증법을 통해 평화를 도출하려고 노력하지 않는다. 그저 매 전투의 승리가 그것으로 최후의 뒷거래에서 유리한 고지를 차지하는 것을 의미하기 때문이다. 대체 악마와 협상을 벌일 이유가 무엇일까? 어떻게 악과 타협을 한단 말인가? 전투 중에 적을 악마시하는 행위는 결국 교전법jus in bello을 약화시킨다. 치명적인 무기든, 파렴치한 수법이든, 악을 이기기 위해 어떤 수단과 방법을 동원할지는 철저히 본인의 소관에 속할 테니 말이다.

'정당한 명분'의 전쟁론은 주권을 지닌 강대국이 결코,

파렴치한 이익을 추구하거나 무의미한 명예를 목표로 전쟁을 벌여서는 안 된다고 제한한다. 하지만 도덕적으로 비대칭적인 관계를 상정하고 전쟁을 선과 악으로 구분 짓는 순간, 야만의 화신들을 상대로 무차별적 폭력을 남발하며 그들을 철저히 섬멸하는 것이 암암리에 허용될 수 있다. 반면 '양측에게 정의로운' 전쟁은 전쟁 당사국 각자가 전쟁에 대한 권리를 절대적 특권으로 부여받는다. 국가는 다른 누군가에게 전쟁을 벌이기로 한 이유를 해명해야 할 필요가 없고, 그런 점에서 불미스러운 사실일 수도 있을 테지만, 설령 인접국의 영토를 차지하기 위해 폭력을 동원한 경우일지라도 원칙적으로는 전쟁 개전에 대해 면책 특권을 누린다. 대신 일단 전쟁을 개시한 후에는 양 교전국이 사법적 제도 안에서 전쟁을 수행해야 한다. '전시법'에 의거해 고통을 경감해야 하고, 또 그렇게 할 경우 실제로도 전쟁의 고통을 상당 수준 경감할 수 있다. 그런가 하면 종전 후 맺는 평화조약은 전쟁 당사국이 그간의 적대감을 깨끗이 청산하고, 전쟁 이전의 '정상성'을 완전히 회복할 수 있도록 길을 열어준다.

　우리는 지금까지 각기 확고한 두 가지 정의의 개념에 바탕을 둔, 두 가지 정의로운 전쟁론을 살펴봤다. 하나는 절대적인 도덕적 가치관으로, 또 하나는 반드시 준수해야 할 외적인 법규로 정의를 해석한다. 사실상 두 가지 모델은 모두 똑같이 타당하고, 모두 똑같이 잔혹하다. 먼저 사법적 성격의 모델은 위선적이게도 모든 도덕적 판단을 포기한 채 가해자를 희생자와 구분하기를 거부한다. 그럼에도 폭력을 사용할 때만큼은, 두 교전국이 사전에 합의한 제한적 규칙을 준수하도록 강제한다. 반면 도덕적 성격의 모델은 양심의 가책을 한층 더 덜어줄 수는 있지만, 전쟁을 치르기도 전에 미리 극단적인 전쟁을 정당화할 위험이 있다.

가장 이상적인 방법은, 국제전시법이 추구하는 방향처럼 두 가지 모델('정당한 명분'과 '정당한 수단')을 서로 결합하는 것이리라. '정당한 명분'에 의거해 전쟁을 개시하고, 전투 중에 지켜야 할 제약조건도 함께 강제하는 것이다.

* * *

마지막으로 훨씬 더 모호하고 오래된, '정의로운' 전쟁의 세 번째 형태에 대해 생각해볼 수 있다. 바로 법을 창조하는 전쟁, 승리의 선포로 정의를 **결정짓는** 전쟁의 개념이다.

이러한 주장은 현대인에게는 몹시 경악스럽게 느껴질 수 있다. 사실상 현대인에게 전쟁은 언제나 폭력의 분출, 무질서한 힘이 격돌하는 혼돈과 동일시되는 경향이 있으니 말이다. 또한 법 역시도 폭력을 금지하거나 폭력을 최소화하기 위해 존재하는 외적인 규제를 의미한다. 그럼에도 전쟁을 정의의 심판으로 보는 사상은 매우 오래전부터 존속해온 개념이다. 심지어 인류의 가장 오래된 관념이라고도 말할 수 있다. 이러한 개념은 무엇보다 신화(태초의 영토 점령)와 메타포(재판소로써의 전쟁), 두 가지 요소에 근거한다.

먼저 여기서 신화란 국가 기원에 관한 신화를 의미한다. 여러분도 이 신화의 철학적, 관념적 버전에 대해서라면 이미 잘 알고 있다. 바로 사회계약론이다. 사회계약론은 인간이 만장일치의 합의로 주권을 갖춘 권력주체를 제도화하는 데 동의한 최초의 협정이다. 홉스, 로크, 루소가 이론화·공식화하고 분석했다. 하지만 이 학문적 개념에는 그보다더 오래된 서사가 은밀히 자리하고 있다. 이 서사에 따르면, 모든 국가는 태초에 무력 사용을 통해 건설됐다. 피의 승리가 국경을 결정짓고, 한 민족이 다른 민족을 지배하는 토대가 됐다. "전쟁은 국가의 탄생을 관장했다. 권리, 평화,

법이 전쟁터의 진흙탕 속에서, 피 웅덩이 속에서 탄생했다. (…) 법은 현실의 전투, 승리, 학살, 정복을 낳았고, 각각의 사건은 저마다 일정한 날짜, 무시무시한 영웅을 소유했다. 법은 불타는 도시, 황폐한 땅을 낳았다. 법은 동이 틀 무렵 사경을 헤매던 수많은 무고한 자들과 함께 탄생했다."[12]

그런 의미에서 국가의 공권*이란 언제나 다른 민족을 상대로 취한 권리이자, 피를 흘려 획득한 강제적 권리를 의미했다. 흔히 철학자들은 국가가 만장일치의 합의를 통한 합리적인 방식으로 탄생했다고 주장한다. 하지만 주요 신화를 보면 은폐된 비화, 국가 탄생을 관장한 대규모 폭력에 대한 이야기를 만날 수 있다. 그 이야기들은 어떻게 피비린내 나는 승리가 정의의 토대가 되었는지를 서술한다. 물론 여기서 말하는 '정의'란 오지 한 민족이 다른 민족을 지배할 수 있게 보장해주는 기능만 할 뿐이다.

철학은 이러한 정의의 개념을 백안시했다. 이러한 정의의 개념은 법과 폭력, 정의와 무력이 철저히 연장선상에

---

* 공법 관계에서 인정되는 권리.

있다고 상정하기 때문이다. 그런 의미에서 철학은 항상 둘 사이의 연계성을 철저히 해체하는 데서 자부심을 느꼈다. 가령 루소는《사회계약론》의 한 장에서 '강자의 법droit du plus fort'(I, 3)이라는 표현이 얼마나 터무니없는지에 대해 지적했다. 가장 포악한 자나 가장 부유한 자가 자신의 요구 사항을 폭력적인 방식으로 강제하는 것을 '법'이라고 부른다는 사실은 생각만 해도 치가 떨린다. 하지만 이런 이론적 차원의 반감과는 무관하게, 분명 전쟁이 아주 오랜 옛날부터 무력을 휘둘러 법을 강제해온 것만은 부인할 수 없는 사실이다.

조르주 뒤비Georges Duby는 중세 시대의 이른바 '대전투'가 결코 서로 경쟁 관계에 있던 영주들 간의 파란만장한 관계로 빚어진 소규모 충돌들에 국한되지 않는다고 지적했다.[13] 여기서 '전투'란 반복적이고 한시적이며 막연한 성격을 지닌 소규모 충돌과 성격이 달랐다. 그것은 집중의 원칙에 부응했다. 모든 산발적인 소규모 교전, 난투극, 막연한 정벌 따위를 전부 집약하고 응축한 것에 해당했다. 한 마디로, 모든 전력을 총동원해 **이것이 마지막**이라는 생각으로 최후의 일전을 벌이며, 최종 **판결**을 무력으로 얻어내어 더 이상 상황을 뒤집지 못하게 만드는 것을 의미했다. 훗날 피지배자를 다스리는 법률의 토대가 되어줄 무력에 의한 심판은 결국 신에 의해, 신의 판정에 따라 모든 것이 판가름 난다. 어느 한쪽을 선택해 승리하도록 도와주는 것이 신이기 때문이다. 승리한다는 건 곧 신이 그를 더 선호한다는 뜻이다. 전쟁에서의 승리는 밤과 낮, 선과 악, 흑과 백의 구분만큼이나 선명하게 승자와 패자를 가르며 정의를 확립한다. 조금 더 구체적으로 설명하자면, 이 엄숙하고 특별한 순간(대전투)을 위해 온 힘을 집중하기로 결정한 행위는 마침내 시간을 둘로 갈라, 이전과 이후 사이에 휴지기를 도입한다.

전쟁은 일종의 법정과 비슷하다. 재판이 전쟁의 소관에 속하기 때문일까? 아니면 전쟁이 재판을 닮은 것일까? 집중, 판결, 이분법적 구분, 불가역성. 이처럼 전쟁의 각 단계는 재판의 이미지에 의해 완성되고, 그 역 또한 마찬가지다. 이런 낡고 끔찍한 관점에 의거해, 전쟁은 정의로운 것으로 간주될 수 있다. 그리고 단지 승리하기 때문에 승리가 정의로울 수 있다는 끔찍한 동어반복도 가능해진다. 결국 승리를 허하여 정의와 선을 지목하는 것은 최고의 심판자인 신이기 때문이다. 그리고 불행은 패자의 몫으로 돌아간다.

이러한 사고는 인간의 역사를 일종의 법의 심판대로 간주한 헤겔에게서도 찾아볼 수 있다. 헤겔은 "세계사는 세계의 법정이다Die Weltgeschichte ist das Weltgericht"[14]라는 실러의 시를 인용해 그 같은 주장을 펼쳤다. 그에게 정의는 이성과 마찬가지로 관념적이고 초월적인 규범이 아니라, 인간의 역사에 의해, 인간의 역사를 통해, 인간의 역사 속에서, 다시 말해 전쟁과 눈물과 고통을 통해, 고통스럽지만, 불가피하게, 서서히 완성되고 전개되는 **과정**에 해당했다. 비슷한 사유에 기초한 마르크스주의도 훗날 부르주아에 맞선 프롤레타리아 계급의 최후 승리에 대한 신화를 만들어냈다. 영광스러운 미래에 극적인 '최후의 투쟁'이 일어나, 종국에는 역사 속에서 정의가 승리를 거둘 것이라는 주장이었다.

역사의 심판과 관련한 신화는 기껏해야 2세기 정도밖에 살아남지 못했다. 하지만 전쟁을 아마겟돈의 이미지로 정당화하려는 유혹은 끊임없이 되살아났다. 전쟁을 기나긴 역사 속에 끼워 넣어 신화적으로 재해석함으로써, 영원불멸한 신들이 지원하는 최후의 전투라는 이미지를 전쟁에 부여하려는 유혹은 줄기차게 지속됐다. 인류의 역사는 언제나 최후의 전쟁에 강박적으로 집착해왔다. 상상을 초월하는 폭발적인 무력이 전쟁을 **종식**하고, 완전한 평화를 낳을 것이라는 믿음으로 말이다.

*** ***

따라서 정의는 도덕적, 형식적, 종말론적 성격의 세 요소로 규정된다. 여기서 잠시 우크라이나 사태로 돌아가 보자. 러우 전쟁은 흔히 공론장에서 여러 타당한 이유를 들어, 다른 나라를 공격한 침략국(블라디미르 푸틴이 철권 통치하는 러시아) 대 민족자결과 자유의 가치를 수호하기 위해 무기를 든 피침략 민족 간의 대결 구도로 해석되곤 한다. 하지만 이처럼 전쟁을 극도로 도덕적인 시각에서 바라보는 경우, 크렘린궁의 주인은 악마의 화신으로 간주될 수밖에 없기 때문에, 결국 상대의 완전한 항복과 패배를 받아내야만 전쟁을 끝낼 수 있다. 그 말은 곧 전쟁이 전 지구적 재앙을 몰고 올 정도로 파국적 사태로 치달을 수 있다는 뜻이다.

하지만 이런 비극적인 사태를 초래하기 보다는, 오히려 교전국이 서로 동등한 존재라는 전제하에 '언젠가는' 서로 협상 테이블에 마주 앉아 평화조약을 체결하고 전쟁을 종식하는 것이 더 합리적이지 않을까? 칸트는 이렇게 썼다. "전쟁 중에도 서로 적의 원칙하에 일종의 신뢰를 유지해야 한다. 그렇지 않으면 결코 평화를 도출할 수 없다."[15] 아마도 에마뉘엘 마크롱 프랑스 대통령이 "푸틴에게 굴욕감을 줘서는 안 된다"라고 표현한 것 역시 그러한 인식 때문이었을 것이다. 하지만 당시 러시아군이 자행한 전쟁 범죄에 대한 비판이 뜨거운 상황에서, 마크롱의 발언은 상당히 모순적이고 경악할 만한 사건으로 받아들여졌다.

어쨌거나 문제는 바로 이것이다. 마리우폴과 부차 학살 이후에도 여전히 칸트가 말한 '신뢰'의 조건이 러시아인과 우크라이나인 사이에 남아 있는가? 이 참혹한 희생을 단지 모든 전쟁에서 불가피하게 발생할 수밖에 없는 자연스러운 '손실과 이익'으로 치부하고, 두 주권국이 서로 동등한 존재로 만나 평화조약을 맺을 수 있도록 이 참혹한 죽음을 모두 잊어버려야 하는가? 결국 블라디미르 푸틴을 권좌에서 끌어내는 길 외에 다른 해법은 없는가? 하지만 그렇게 하더라도 과연 그 이후는 또 어떤 식으로 사태가 흘러갈 것인가?[16]

4 장

국가는 전쟁을 만들고,
전쟁은 국가를 만든다

정의로운 전쟁의 가장 중요한 측면 중 하나는 **주권을 지닌 권력주체**만이 전쟁을 결정할 수 있다는 것이다. 루소는 이 말을 다음과 같이 풀어썼다. "따라서 전쟁은 인간 대 인간의 관계가 아니라, 국가 대 국가의 관계다."[1] 하지만 전쟁이 국가와 관련이 있다는 말이 곧 국가가 전쟁을 초래하거나 주도한다는 사실만을 뜻하는 것은 아니다. 물론 전쟁을 만들어내는 것은 국가임이 분명하다. 그럼에도 어느 정도 전쟁 역시 **국가를 만들어내는 것**은 아닌지 의문이 든다. 사실상 국가가 일정한 일관성을 유지하며 존속할 수 있는 것은 어디까지나 영구적인 '전쟁 상태'에서 비롯된 것이기 때문이다. 그런 의미에서 전쟁은 국가를 이루는 한 '요소'에 해당한다. 상어에게 바다의 존재가 그러하듯, 국가도 전쟁 없이는 살아남을 수 없다.

그런 의미에서 우리는 전쟁과 국가의 내밀하고 복잡한 관계에 주목할 필요가 있다. 그러려면 최소 세 가지 모습(표상과 은유를 동시에)으로 구분된 국가의 개념을 알아야 한다. 첫째, 흔히 살아 있는 유기체로 표현되듯 국가는 공동체라는 사실이다. 둘째, '사회계약'으로 맺어진 개인들 간의 취약한 결속으로 표현되듯 국가는 인위적인 사회적 결속에 해당한다. 마지막으로, 각색된 서사나 전설 등을 통해 확인되듯 국가는 권력이 투사된 이미지를 갖는다. 이제 이 세 가지 이미지에 입각해 각각의 경우 국가가 어떤 점에서 전쟁을 필요로 하는지 살펴보도록 하자.

***

사실상 '국가'란 단순히 행정기관, 공직자들로 구성된 기구, 공적 의사결정의 심장부만을 의미하지 않는다. 국가는 동시에 실질적 국경선으로 경계가 획정된 나라, 일정한 법률·문화·때로는 공동의 언어를 통해 하나로 단합된 민족 등을 의미하기도 한다. 유기적인 공동체로서의 국가는 아주 오래전부터, 최소한 고대 시대(플라톤, 키케로 등) 이후로, 흔히 살아 있는 유기체나 거대한 동물에 비유되곤 했다.[2] 이런 은유는 일련의 이론과 개념을 잉태했는데, 먼저 국가가 동물이라면 살아가고 성장하는 데 일정한 '생활공간'이 필요할 것이라는 견해였다. 그리고 만일 현재 국경선으로 정해진 공간이 숨이 막힐 정도로 너무 비좁다면, 전쟁이 국가의 크기를 키우는 자연스러운 **팽창** 도구가 되어줄 수 있다는 생각이었다.

누군가는 이러한 주장이 조악한 사회적 다윈주의(전쟁을 통해 적자생존하는 생명[3]) 내지는 왜곡된 니체주의(지배에서 환희와 분노를 느끼는 힘에의 의지를 지닌 생명)에 해당한다며 비난할 수도 있다. 하지만 어떤 경우든 결국 전쟁에 의해서만 충족될 수 있는 일정한 삶의 요건을 국가에 상정하고 있다는 사실은 변함이 없다. 다시 말해, 국가는 새로운 영토를 정복하고, 강자의 지배를 공고히 하고, 천연자원과 문화유산을 장악해야 할 필요성을 지니고 있다. 그래야만 국민에게 생명력, 팽창, 새로운 표현방식의 가능성을 제공할 수 있고, 열등한 민족을 노예로 삼아 우위를 누리도록 해줄 수 있기 때문이다. 물론 이러한 주장은, 히틀러가《나의 투쟁》에서 지겹도록 반복한 내용과 비슷한, 매우 위험한 얘기로 들릴 수 있다는 사실은 굳이 지적하지 않겠다.

생명을 지나치게 '다윈주의적'으로 묘사하거나 생물학적으로 표현하는 것이 불편하다면 다른 방법도 있다. 생명을 일정한 가치관이나 미래 계획, 혹은 서사 등을 품은 존재로 간주하는 것이다. 이처럼 일정한 존재로 구현된 넓은 의미에서의 생명은 정확히 적에 의해 자신의 완전성과 가치관을 위협받는 순간, 스스로 단일성과 정체성 그리고 고유성을 지닌 존재라는 사실을 자각하게 된다. 자신의 단일성과 정체성, 고유성을 뒤흔드는 적은 중대한 위협을 의미하면서 동시에 그런 것들을 **결정짓는** 중요한 존재기도 하다. 따라서 이렇게 말해야 옳으리라. 적은 내가 **진짜 누구인지**를 내 눈에 보여주고, 나를 규정하는 것이 무엇인지를 내 귀에 들려준다. 적은 별안간 삶의 에너지를 자극하며 죽음을 각오할 정도로 내게서 가장 중요한 것이 무엇인지 알려준다. 적은 생명에게 자신의 고유한 깊이를 발견하게 해준다. 카를 슈미트는 한 독일 시인(도이블러T. Daubler)이 쓴 "적은 우리 자신의 문제를 상징하는 얼굴이다"라는 구절을 인용해, 다음의 견해를 피력했다. "적은 이런저런 이유를 들어 제거해야 할 대상, 가치가 없다는 이유로 말살해야 할 대상이 아니다. 적은 나와 동등한 수준에 있는 자다. 그런 의미에서, 나 자신의 크기, 나 자신의 한계, 나 자신의 얼굴을 얻기 위해서는 적과 싸워야 한다."[4]

어쩌면 러우 전쟁에서 유럽이 느끼는 감정도 그와 같은 것일 수 있다. 심지어 유럽은 적을 마주함으로써 마침내 **사상 최초로** 강력하게 스스로를 **문자 그대로 정치적인** 공동체로 느끼게 됐다고도 말할 수 있다. 유럽은 스스로 일정한 가치관을 지닌, 특수한 삶의 양식을 수호하는, 표현의 자유를 중시하는 존재라는 사실을 비로소 깨닫게 된 것이다. 이런 깨달음에 단초가 된 질문은 다음과 같다. 과연 나는 모든 정치적·경제적인 이해타산을 뛰어넘어, 푸틴이 이끄는 러시아를 적으로, 젤렌스키가 이끄는 우크라이나를 동지로 받아들일 준비가 되었는가? 이 문제를 조금 더 구체적으로 보여주는 예가 있다면, 바로 카를 슈미트가 남긴 다음의 도발적인 글귀일 것이다. "결국 자신의 모든 행동과 모든 목표가 귀결되는, 정치적인 것을 분별하는 기준은 바로 적과 동지의 구분이다."[5]

결국 전쟁의 생명론적 관점은 두 가지로 구분된다. 먼저 생물학적 생명론은 전쟁을 (가장 약한 자를 지배할 목적으로 일정한 공간을 정복하기 위한) 각 민족의 공격적이고, 혹독한, 생존 본능의 표현으로 이해한다. 반면 존재론적 요소가 가미된 생명론은 전쟁을 스스로에게 고유한 깊이를 부여해주고, 자신의 고유한 정체성을 발견하게 해주는 강력한 에너지로 간주한다.

✳ ✳ ✳

정치적 근대성은 국가를 자연적인 현상으로 이해하려는 시각을 철저히 거부했다. 대신 국가를 '계약관계'의 틀로 이해하고자 했다. 말하자면 국가는 더불어 살아가기를 희망하는 인간들이 공동으로 맺은 **합의**를 통해 탄생한 취약하고 인위적인 조직이라고 간주했다. 국가가 인간들의 합의에 의해 탄생했다고 보는 시각이 얼마나 전쟁의 필요성을 정당화해주는지는 홉스의 저작에서 잘 나타난다. 사실상 우리는 홉스가 저술한 《시민론》, 《리바이어던》 등에서 정치적 근대성의 토대를 이루는 이론을 발견할 수 있다. 그에 따르면, 국가는 인간이 스스로 자연적 권리를 포기하기로 만장일치로 합의함으로써 인간의 의지에 의해 출현한 인위적인 유기체이자, 인간이 '사회를 구성'하기 위해, 일정하게 공인된 특수한 권력 주체에 다 같이 복종을 약속한 협정의 결과였다.

하지만 개인이 함께 계약을 맺게 된 것은 최악의 운명, 혼돈스러운 무정부 상태, 지속적인 상호 파괴 행위, 즉 '만인의 만인에 대한 투쟁 상태'를 피하기 위해서였다. 이는 바로 홉스가 《리바이어던》 8장에서 묘사한 일차적 의미에서의 전쟁을 의미한다. 그것은 말하자면 불행, 재앙, 불안정, 인간들 사이의 폭력이 만연한 상태를 뜻한다. 이런 전쟁 상태를 벗어나기 위해 인간은 결국 공존에 필요한 누구도 어길 수 없는 불가침한 규칙들을 제정하게 된다. 만일 모든 인간을 통치할 수 있는 보다 우월하고 결연한 존재가 없다면, 인간은 가차 없이 동족상잔의 독약을 마시게 될 것이 분명했다. 따라서 모든 백성이 공법에 복종하도록 강제함으로써 사회적 안정, 공공의 평온, **시민 평화**를 조성해야 했다. 한 마디로, 만인이 만인을 상대로 벌이는 태초의 전쟁에서 벗어나게 된 것은 모두 국가의 탄생 덕분이었다.

하지만 국가는 **다수**다. 그리고 각각의 국가는 다른 국가를 위협적으로 느낄 수 있다. 적어도 한 국가는 다른 국가가 작아져야 더 커질 수 있고, 인접국을 가난하게 만들어야 더 부유해질 수 있다는 사실(피히테Fichte*는 훗날 조금 더

완화된 상업지상주의적 형태로 이 이론을 계승한다**6)**을 잘 안다면 말이다. 사실상 세상에는 **다수**의 국가가 존재한다. 그리고 이 국가들은 그들의 상위에 국가 간 관계를 엄격하게 규제할 권위 주체가 없다고 느끼는 순간, 과거의 인간들이 그랬듯 영원한 '전쟁 상태'(이것이 이차적 의미에서의 전쟁이다)에 빠져들 수 있다. 하지만 여기서 말하는 '전쟁 상태'란 자연 상태의 인간이 벌이는 끊임없는 폭력 상태를 의미하지는 않는다. 오히려 국가 간 적대관계의 구조적이고 항구적인 가능성을 뜻한다. 즉 **실질적 잠재성**으로서의 전쟁을 의미한다. 홉스는 이를 불안정한 기상에 비유해 설명하기도 했는데, 말하자면 '전쟁 상태'란 쉴 새 없이 쏟아지는 소나기가 아니라, 언제든 비가 내릴 수 있는 가능성을 뜻하는 것이다.[7]

한편 삼차적 의미에서의 전쟁과 평화는 훨씬 더 역사적이고 낡은 의미로 이해된다. 즉, 실제로 일정한 정치 집단 사이에 발생한(개전일과 종전일, 결정적 전투가 벌어진 날짜를 구

---

* 독일 관념론의 대표자로 통하는 독일의 철학자.

체적으로 가늠할 수 있다) 무력분쟁은 전쟁으로, 각국이 서로 일정 기간 전쟁을 벌이지 않기로 구체적 기간을 명시한 상태는 평화(조약, 동맹을 통해 평화가 승인되고, 각종 도발에 의해 평화가 파기된다)로 간주하는 것이다.

마지막으로 사차적 의미는 마침내 시간의 지평선 너머 눈부시고 희망찬 탈역사의 형태로, 인간 사이에 영원한 평화가 도래할 것이라는 꿈을 의미했다.

《사회계약론》은 세 가지 층위에서 전쟁의 의미를 다루고 있다. 첫째, 개인들 간에 벌어진 태초의 전쟁에 관한 **신화**. 둘째, 역사가 진행되는 동안 결코 피할 수 없는 국가 간 분쟁의 **구조적 가능성**. 그리고 마지막으로 일정 기간에 걸쳐 현실 속에서 벌어지는 **실질적** 전쟁이다. 평화의 의미도 마찬가지로 모두 세 가지다. 첫째, 주권자가 자신이 다스리는 영토 내에서 보장하는 공공의 평화. 둘째, 두 국가 혹은 다수의 국가 사이에 한시적으로 전쟁이 중단된 이른바 비-전쟁 상태. 셋째, 역사의 끝에 완전한 평화와 질서가 도래하리라는 지복천년의 꿈이다.

우리의 복잡한 구조물 안에는 모두 의미의 방 여섯 개가 들어서 있다. 전쟁론의 영향을 제대로 이해하려면, 이 여섯 의미를 서로 융합한 종합적 사고가 필요하다. 이러한 종합적 사고과정을 보여주는 예시를 하나 들어보자. 먼저 '최초의' 전쟁, 태초의 전쟁(만인의 만인에 대한 투쟁)은 확고한 역사적 사실이라기보다는 오히려 우화에 더 가깝다. 그럼에도 이 개념이 지닌 정치적 영향력은 막대했다. 사실상 우리가 강력한 국가, 공동의 법률, 완벽한 경찰력이 필요하다고 여기게 된 것은 언제든 우리가 최초의 무정부 상태로 돌아갈 위험이 만성적으로 존재한다는 사실 때문이다.

하지만 누군가는 이렇게 반박할 것이다. 대체 누가 인간이 인간의 자연적인 적이라고 말할 수 있는가? 국가가 없다면 인간이 서로를 죽이려 들 것이라고 누가 장담할 수 있는가? 일찌감치 레오 페레Léo Ferré*도 무정부주의 선언('더는 아무 것도 없다')을 통해 모두의 환상에 반기를 들었다. "무질서가 질서다, 권력을 축소하라!" 사실 최초의 무정부 상태에 대한 우화는 **조금 더 정확히 말해** 우리를 복종시킬 목적으로 지어낸 허구의 이야기가 아닐까? 사실 우리는

---

* 시적인 노랫말로 샹송의 발전에 기여한 프랑스의 싱어송라이터. 〈무정부주의자들〉이란 노래로 유명하다.

자연 상태에서 인간이 정말 어떤 상태였는지 전혀 알 길이 없으니 말이다. 가령 루소는《인간 불평등 기원론Discours sur l'inégalité》에서, 국가가 발명된 덕에 벗어났다고 여겨지는 만인 대 만인의 시원적 전쟁설을 반박했다. 오히려 그는 태초의 인간은 평화롭고 선량했을 수 있다고, 폭력은 '사회적 삶'이 잉태한 쓰라린 열매라고 주장했다.

물론 홉스가 경고한 것처럼, 루소식 우화가 얼마나 부질없는지는 현대 국가가 서로 어떻게 행동하는지만 봐도 금세 드러난다. 또한, 다시 한번 강조하지만, 상위에 폭력을 규제할 만한 주권을 지닌 권력주체가 없을 때 얼마나 참혹한 전쟁이 끊임없이 발생하는가만 봐도 여실히 드러난다. 사실상 외부의 전쟁은 내부의 복종을 얻어내기 위한 수단이다. 전쟁은 국가 간에 얼마나 끔찍한 일이 벌어질 수 있는지 사람들의 눈앞에 똑똑히 보여줌으로써, 개인들 간의 원시적 내전이라는 환상에 **타당성**을 부여하고, 더욱 극대화한다. "그대들이 만일 복종하지 않는다면, **그대들 사이에도 똑같이 참혹한 일이 벌어지리라.**"[8]

* * *

타자와의 전쟁이 동일자의 결속을 강화한다는 주장은 때로 적의 존재가 얼마나 국민을 단합하는 능력을 지니는지를 보여주는 방식으로도 입증된다. 수많은 사상가들은 오래전부터 이처럼 국가가 잔혹하게 전쟁을 도구화하는 행태를 비판해왔다. 요컨대 국가는 다른 방식으로는 절대 얻어내기 힘든 전적인 합의를 국민으로부터 인위적으로 끌어내기 위해 적을 등장시키는 방식을 애용해왔다.

전쟁을 통해 결속력을 강화하는 방식은 다양하다. 먼저 어느 사회에나 존재하는 사회적 화합을 깨뜨리는 방해꾼들(반항 청소년, 계도 불가능한 난동꾼)의 존재를 개탄하는 것이다. 그리고 그들을 모조리 전쟁터에 내보내 난폭한 에너지를 전쟁에 발산하도록 만드는 것이다! 장 보댕은 전쟁이란 '불순분자들'(심지어 그는 '쓰레기'라고까지 표현했다[9])을 말끔히 쓸어내 주는 훌륭한 '청소부'라고 썼다. 전쟁은 무질서한 분자들을 제거해 국가 조직을 깨끗하게 정화해준다. 전쟁은 천방지축 날뛰어대는 사고뭉치들을 소란스러운 국경지대로 내쫓아 마음껏 전쟁터에서 공격성을 발산하고 광란의 에너지를 쏟아내게 함으로써, 흐트러졌던 조직의 조화를 회복할 수 있게 해준다.

하지만 이 '혈기 왕성한 자들'의 존재보다 훨씬 더 심각하게 국가의 분열을 조장하는 요인이 또 있다. 가령 시기심을 조장하는 양극화, 사회적 굴욕감을 불어넣는 위계질서, 좌절감을 자극하는 부의 과시 등이 대표적이다. 바로 여기서 국민의 결속에 전쟁이 동원되는 두 번째 방식이 등장한다. 전쟁은 공공의 적이라는 망령을 흔들며 부정적인 에너지를 본래 대상에게서 멀리 돌려놓음으로써 국민의 결속력을 강화하고, 다른 공동의 혐오 대상을 지목함으로써 기존의 갈등을 잊게 한다. 물론 우리끼리도 서로를 시기하고 괴롭힐 이유가 충분히 많다. 하지만 그보다는 훨씬 더 외부의 적을 혐오한다. 마키아벨리도 《티투스 리비우스의 로마사 첫 10권에 대한 강연》에서 내부의 평화는 외부와의 전쟁을 통해 얻을 수 있다며, 전쟁이 정치 공동체를 단단히 결속한다고 주장했다.[10]

에라스무스는 한 경악할 만한 도발적인 글에서 극도로 파렴치하고 은밀한 국가의 행태를 고발했다. 사실상 국가는 모든 백성의 분노가 지도자를 향한다고 느끼는 순간,

다른 국가와 은밀히 전쟁을 모의한다는 것이다. "가장 파렴치한 행태는 오랜 평화와 백성의 단합으로 권력이 약화됐다고 느낀 군주가 악랄하게도 다른 군주들과 은밀히 작당해 각종 핑곗거리를 빌미로 전쟁을 사주하는 것이다. 전쟁이 부여한 무소불위의 권위에 힘입어 가련한 백성을 수탈하고, 단단히 결속한 백성들을 서로 불화하고, 분열하게 만들기 위해서 말이다."[11]

전쟁은 물론 훌륭한 결속의 힘을 지니지만, 사실상 이러한 결속은 지배자와 피지배자, 통치자와 피통치자를 나누는 내부의 분열에 의해 이뤄진다. 하지만 이러한 내부 분열에 의문을 품는 자는 아무도 없다. 항상 외부와의 전쟁이라는 강렬한 빛이 내부의 분열을 은폐하기 때문이다.

* * *

지금까지 살펴본 국가와 전쟁의 관계는 질서, 화합, 복종, 내적 결속의 필요성에 의거한다. 하지만 국가의 안정성은 다른 정치 집단과의 관계에 의해서도 좌우된다. 국가는 단순히 분열과 내부 파열의 위험만이 아니라, 외부로부터 비롯된 침범, 약탈, 침략의 위험도 함께 겪는다. 가령 유럽이라는 공간이 대표적이다. 유럽은 근현대사가 진행되는 동안 줄곧 끝없는 전쟁에 시달렸다. 그리고 안타깝게도 우크라이나 사태는 21세기 역사 역시 결코 예외가 아님을 여실히 증명한다! 유럽이라는 공간과 관련해, 우리는 베스트팔렌 조약이 기점이 된 역사적 전환점에 대해 다시 한번 생각해볼 필요가 있다. 근대 이전의 유럽의 정치적 공간은 여러 라이벌 영지와 복잡한 왕정으로 이뤄져 있었고, 각종 왕가의 경쟁이 끝없이 되풀이됐다. 그리고 무엇보다 '최후의 제국'이라는 신비주의적 꿈에 강박적으로 집착했다. 각종 예언을 통해 강화된 보편제국monarchie universelle*을 향한 꿈은 적어도 카를 5세 시대까지 꾸준히 지속됐다. 르네상스 시대 말까지 모든 중대한 전쟁은 제국주의적 야심으로 일어났다. 차례대로 신비주의 제국의 본산을 자처한 스페인, 프랑스, 독일 등에 이르기까지, 전쟁을 일으킨 모든 나라가 마찬가지였다.

하지만 베스트팔렌 조약은 전쟁의 개념을 새롭게 바꿔

* 한 군주가 전 지역을 단독으로 통치하거나 다른 모든 국가에 대한 패권을 지닌 체제.

놓았다. 이제 전쟁은 초월적 소명보다는 눈앞의 국익을 우선시하는 세속적 성격이 강화됐다. 유럽의 지형은 어느새 각각의 힘이 모여 '균형을 이루는' 여러 국민국가들이 나란히 공존하는 공간으로 변모했다. 하지만 국가들이 이루는 균형은 역동적이고 취약하며, 언제든 복원·수정·교정될 가능성이 상존했다. 전쟁은 균형을 회복하기 위한 살상 게임이었다. 전쟁은 일정한 강대국이 자신의 패권을 넘보는 다른 나라를 무력화하거나, 중대한 세력을 형성할 위험이 있는 약소국들의 연맹을 억제하기 위한 시도로 설명되거나 정당화됐다. 경제 및 정치 상황에 따른 각국의 이해관계나 세력 구도의 변화는 10년에 한 번씩 전쟁이 일어나는 단초를 제공했다. 전쟁을 통해 국력이 제각각인 국가들로 이뤄진 유럽의 '균형상태'를 다시 바로잡으려 한 것이다. 다시 한번 지적하지만, 국가는 전쟁을 자국의 위상을 유지하거나, 국가를 존속하거나, 사활이 걸린 중대한 국익을 수호하거나, 국가의 안녕을 도모하는 수단으로 간주했다.

* * *

국가와 전쟁의 내밀한 관계(국가와 전쟁은 서로 상호적인 조건을 형성한다)와 관련해 우리가 깨달을 수 있는 마지막 사실은 상상적 측면이 지닌 중요성이다. 물론 살과 뼈를 지닌 현실의 위정자와 장관, 단단한 벽으로 둘러싸인 의회나 궁, 국토를 구분 짓는 물리적 국경 등의 존재는 부인할 수 없다. 하지만 이런 현실의 인간이나 제도는 일종의 이미지, 추상적 개념, 막연한 고유명사로 표현되는 '국가'를 구현하고, 대변하고, 수호하는 역할을 한다. 국가는 이처럼 사람들의 머릿속에서 실질적 존재로 상상되는 '관념적 실체idéalité'에 해당한다. 먼저 국가는 일종의 **명성**이다. 사람들의 상상 속에 투사된 권력의 이미지다. 가장 대표적인 예를 살펴보자. 투키디데스는 펠로폰네소스 전쟁, 아테네와 스파르타 두 동족 간의 경쟁관계를 묘사하면서, 국가가 지닌 상상적 측면에 주목했다. 훗날 레오 스트라우스Léo Strauss*가 깊이 매료된 것으로도 유명하지만, 특히 그는 한 가상의 대화를 통해 상상적 측면이 초래할 수 있는 전쟁의 필요성을 지적했다.[12] 여기서 잠시 이 그리스 역사가가 상

---

* 서구 민주주의의 우월성과 반세계화주의를 주장한 독일 태생의 미국 정치철학자로, 그의 이론은 네오콘의 사상적 기원이 됐다.

상했던 아테네와 멜로스의 대표자들 간의 담판 내용을 간략히 복기해보자. 대화의 배경은 다음과 같다. 에게해 한복판에 위치한 자그마한 섬나라 멜로스는 아테네 제국의 세력권에 들기를 거부하고 중립국으로 남기를 희망했다. 사실 아테네는 전혀 위협적이지 않은 이 작은 섬나라를 굳이 합병해야 할 실질적 **필요성**이 없었다. 하지만 양측의 대화는 그보다 더 고차원적이면서 중대한 필요성에 초점이 맞춰진다. 아테네의 논리는 이러했다. 멜로스가 중립국으로 남겠다고 선언하고 아테네에 머리를 조아리기를 거부한다면 결국 아테네는 큰 피해를 입을 것이다. 멜로스가 독립국의 위상을 과시하는 순간 다른 나라에 끔찍한 본보기가 될 것이기 때문이다. 잠시 생각해보라. 우리는 그대들에게 우리의 힘을 행사할 수 있는 능력을 지니고 있다. 우리는 그대들을 지배할 수 있는 권력을 지니고 있다. 그런데도 그렇게 하지 않는다면 다들 우리에 대해 뭐라고 수군거리겠는가? 우리가 도량이 넓다고? 타인의 자유를 존중한다고? 아니, 천만의 말씀이다. 오히려 곳곳에서 정반대 이야기가 나돌 것이다. 무시무시한 줄로만 알았던 아테네가 실은 힘이 빠지고, 세력이 약화되고, 위세가 쪼그라든 모양이라고. 아테네의 세력권 안에 놓인 작은 섬 하나조차 쓸어낼 힘이 없다니. 사실상 물리적 힘과 정치적 힘의 차이는 바로 거기에 존재한다. 물리적 힘은 힘을 행사함으로써 존재한다. 반면 우리가 소위 '권력'이라고 부르는 것은 **그것을 지녔다는 평판**에서 비롯된다. 영향력을 발휘할 수 있을 것이라 **추정되는** 능력에 달려 있다. 그리고 이러한 명성은 숱한 승리를 통해서만 쌓을 수 있다.

지정학적인 필요성은 도덕적 필요성과는 정반대된다. 칸트도 이 점을 명확히 했다. "그대는 해야 하기 때문에 할 수 있다." 도덕 법칙은 이처럼 우리에게 행동을 요구한다. 반면 투키디데스는 이렇게 제안했다. "그대는 할 수 있기 때문에 해야 한다." 이처럼 이미지는 훨씬 더 많은 제약을 요구한다. 가령 나의 권력 이미지는 평판을 유지하기 위해 내가 지배할 수 있는 것을 지배하도록 강요한다. 문제는 '국가'가 어쩌면 포악한 충동에 사로잡힌 거대한 동물이나, 개인들이 맺은 깨지기 쉬운 일종의 합의가 아닐 수도 있다는 것이다. 국가는 공상의 존재, 사람들이 머릿속으로 꾸며낸 우화, 오로지 전쟁을 통해서만 유지될 수 있는 존재일 수도 있다.

루소도 '전쟁을 위한 원칙들'을 작성하면서 이런 사실을 정확히 꿰뚫어봤다. 사실상 본질적으로 복합적이고 불확실한 존재인 국가에게 있어, 진정한 제약은 **스스로의 존재감을 느낄 수 있어야** 한다는 점이다. 그리고 그러기 위해서 존재하는 것이, 일찌감치 데모스테네스*가 아테네와 관련해 지적한 말처럼, 수많은 추도 연설이라 할 수 있다.[13] 논리적으로 살펴볼 때, 수많은 추도 연설이 존재한다는 것은 곧 전쟁이 존재한다는 뜻이기도 하다. 우리가 '무엇인가를 위해' 목숨을 내놓기를 결코 아까워하지 않는 전쟁은 특별한 전율을 선사하며 국가를 존재하게 한다. 우리는 국가를 수호한다. 그리고 국가는 전쟁을 하고, 개전선언을 하고, 평화조약을 맺고, 휴전협정을 체결한다. 그런 식으로 전쟁은 국가의 존재감을 확인해준다. 사실상 국가는 느긋하고 단조로운 일상적인 행정 업무 속에서는, 모호한 법률 속에서는 절대 온전한 존재감을 느끼지 못한다. 반면 경찰 진압, 군사 결정, 자국의 완전성 수호를 위한 호소 속에서 비

---

* 고대 그리스의 웅변가이자 정치가.

로소 살아 있는 느낌을 만끽한다!

그럼에도 중요한 것은 이미지에 걸맞은 존재여야 한다는 점이다. 러우 전쟁에서 놀라운 점이 있다면, 가장 먼저 러시아가 일방적으로 전쟁을 개시했다는 사실이다. 하지만 이후 러시아가 전격전에 실패했다는 사실은 그보다 더 큰 충격을 줬다. 키이우는 함락되지 않았다. 러시아군에 대한 평판, 러시아군이 막강하고 우월한 힘을 지녔다는 추정은 결코 다른 삶을 살기를 선택한 자들의 자유에 대한 열망을 짓밟기에는 충분치 않았던 것이다.

* * *

이제 마키아벨리의 지혜를 빌려 결론을 맺고자 한다. 사실상 마키아벨리만큼 내부적 사안(공공질서)과 외부적 사안(대외 문제)을 통합적으로 사고하며, 국가와 전쟁의 공통된 사상을 도출해낸 사람도 드물 것이다. 마키아벨리의 첫 번째 제언은 다음과 같다. 지도자가 특별하고 지속적으로 관심을 쏟아야 하는 분야는 바로 전쟁술이다.[14] 사실상 우리도 잘 알다시피 《군주론Il Principe》은 플라톤의 《정치학Politique》, 토마스 아퀴나스의 《왕국론De regno》 등 기존에 통치술을 다룬 수많은 '철학적 논고'와는 차별화된 지점이 있다. 바로 마키아벨리는 자신의 소논문에서 결코 인간을 통치하는 일이 어떻게 정당화될 수 있는지에 대해 깊이 통찰하지 않았으며, 그것의 형이상학적 본질이나 이성적 혹은 신학적 근거가 무엇인지 등에 대해 질문하지 않았다는 점이다. 그의 저술은 오로지 한 가지 문제에만 강박적으로 매달렸다. 권력을 유지하기 위한 기술은 무엇일까? 어떻게 해야 권력을 유지할 수 있는가? 얼핏 평범해 보이는 이 질문에는 《군주론》의 가장 은밀하고도 추악한 측면이 감춰져 있다. 바로 권력은 **언제나 이전의 지도자에게서 탈취한 것**이라는 사실이다. 그리고 또 다른 계승자가 어둠 속에 숨어 언제든 호시탐탐 내게서 권력을 찬탈해갈 기회를 엿보고 있다는 것이다. 물론 각각의 자리는 그 자체로 적법하다. 한 나라는 군주를 필요로 하고, 군주는 대신을 필요로 한다. 물론 대신에게도 다시 그의 밑에서 일할 말단 신하가 필요하다. 이처럼 모든 공직자의 자리는 본질적으로 합당하고 정당하다. 하지만 문제는 누가 그 자리를 차지할 것인가 하는 문제이다. 특히 **일인자**의 자리를 누가 차지할 것인가? 사실상 최고의 자리는 가장 영악하고 가장 강한 자, 이를테면 여우짓을 할 줄 아는 사자에게 돌아갈 것이다. 군주와 대신 사이, 대신과 말단 신하 사이에는 이처럼 영원한 전쟁이 벌어지기 마련이다. 아랫사람은 언제나 윗사람이 약점을 보일 순간을 애타게 기다리며 상대를 공격해 자리를 채갈 궁리를 한다. 하지만 이런 종류의 전쟁은 민중과 부패한 지도자, 혹은 같은 민족의 분열된 두 분파가 서로 대치하는 '시민' 전쟁(내전)과는 성격이 다르다. 그것은 군주와 군주, 혹은 군주와 그의 가장 가까운 '지인들'이 벌이는 은밀한 전쟁에 해당한다. 사실상 마키아벨리가 철저히 공화주의를 견지한 이유도 바로 그 때문이었다. 마키아벨리는 군주에게 가장 충실한 동맹은 **민중**이라고 생각했다. 사실상 민중이 지닌 욕망은 기껏해야 **과도한** 통치에 시달리지 않는 것뿐이니 말이다.

한편 동일한 방식과 동일한 이유(완전한 정통성을 인정받은 군주는 존재하지 않는다. 혈통이나 학식 같은 말은 그저 군중이나 현혹할 수 있을 뿐, 실제로는 아무런 의미가 없다)에서, 군주들도 역시 서로 영원한 전쟁을 벌이기 마련이다. 각자 상대가 지치고 쇠약해질 순간을 호시탐탐 노린다. 그런 의미에서 전쟁술은 국가에게 생존을 위한 기술에 해당한다. 결국 수많은 건국 역사와 신화에도 불구하고 정치적 힘은 그 어떤 뿌리도 단단히 내리지 못한 것이다. 뒤에서 차차 살펴볼 테지만, 전쟁을 벌이는 데는 당연히 수많은 경제적 이유가 존재할 것이다. 하지만 정당한 명분의 전쟁론 이면에 감춰진 가장 은밀하고도 가장 결정적인 전쟁의 이유는 바로 **권력의 우발성**이리라.[15]

5 장

총력전의 개념

러우 전쟁을 계기로 기자들의 펜대에서 '총력전'이라는 망령이 쉴 새 없이 되살아났다. 기자들은 러시아군이 저지른 숱한 만행을 비판하거나, 나토가 러시아와 전면전을 치를 경우 감수해야 할 위험에 대해 평가하면서 '총력전'이란 표현을 남발했다. 러시아 외교 수장인 세르게이 라브로프의 입에서도 '총력전(전면전)'이란 표현이 흘러나왔다. 이번에는 경제제재에서 **캔슬 컬처***까지, 서구의 각종 공격적 행태를 비판하기 위해 이 표현이 사용됐다. 다양한 상황에 동원되는 '총력전'의 개념은, 안타깝게도 이 책에서는 짧게 훑고 지나갈 수밖에 없을 테지만, 어쨌거나 그 역사가

---

* 자신과 다른 생각을 드러낸 사람을 배척하는 행동 방식.

깊다. 또한 폭력과 폭력의 제한(혹은 비-제한)에 대한 모든 철학을 다루고 있다.

'총력전'의 '공식적' 역사가 시작된 것은 1920~1930년대였다. 당시 유럽에서는 끝없이 지속된 흡사 자살행위와도 같았던 4년간의 전쟁(제1차 세계대전) 동안 대체 어떤 사태가 벌어진 것인지 파악하고, 이 대규모 폭력 사태가 기존의 역사와 어떤 점에서 철저히 다른지를 분석해야 할 필요성이 대두됐다. 대표적으로, 두 핵심 전쟁 당사국이 두 가지 분석 자료를 내놓았다. 레옹 도데Léon Daudet가 쓴 《총력전La Guerre totale》(1918)[1]과 독일군 총사령관 에리히 루덴도르프*가 쓴 《총력전Der Totale Krieg》(1935)[2]이 바로 그것이었다. 두 책은 각기 세계대전이 남긴 교훈에 대해 연구하는 한편, 또다시 똑같은 비극이 재현될 경우 전쟁에서 승리하기 위해 필요한 사회적·군사적 조건을 탐구했다. 군인과 지식인의 머릿속에 비로소 '총력전'이란 개념이 정립된 계기는 바로 세계대전이었다. 곧이어 이 개념은 역사가들에

---

* 독일 제국의 군인. 제1차 세계대전 중후반부 독일제국군의 실질적인 총지휘관이자 사실상의 최고지도자였다.

게는 과거의 역사를 이해하기 위한 열쇠이자 분석도구로 활용되었고, 철학자들에게는 신비로운 수수께끼를 풀 단서로 이용됐다.

역사가들은 총력전이라는 개념에 주목해, 제1차 세계대전 이전의 시대에서 일종의 단절점 내지는 변곡점을 찾아내려 했다. 전쟁의 목적이 단순히 상대에 대한 우위를 확인하는 것에서 적을 철저히 궤멸시키는 것으로 뒤바뀐 계기가 언제인지 찾아내고 싶었던 것이다. 먼저 많은 역사가가 1792년 이후 새로운 정치적 이상의 실현을 목표로 유럽을 휩쓴 각종 혁명전쟁과, 그리고 이어 그 연장선상에서 일어난, 제국의 재건을 목표로 내건 신속성과 잔혹성을 겸비한 나폴레옹의 원정에 주목했다. 일부는 그보다 훨씬 더 오랜 과거로 거슬러 올라가 징벌전쟁 때 울려 퍼진 로마인의 외침을 환기시키기도 했다. Delenda est Carthago!('카르타고를 섬멸해야 한다!')** 또 어떤 학자들은 그로부터 2세기가 지난 뒤 칭기즈칸이 온갖 노략질을 범하며 순식간에 몽

** 로마의 정치가 카토(기원전 234~기원전 149)는 훗날 로마의 안전에 위협이 되지 않도록 카르타고를 무력 징벌해 철저히 파괴해야 한다고 주장했다.

골제국을 건설했던 역사를 언급하기도 했다. 결국 완전한 세계 지배는 문자 그대로 다른 그 누구와는 결코 함께 나눌 수 없는 것이리라!

여기서 우리는 전쟁과 폭력의 수수께끼 같은 관계를 잠시 살펴볼 필요가 있다. 어쩌면 누군가는 그런 질문 자체가 너무 이상하지 않냐고 되물을 수도 있다. 전쟁은 정의상 폭력을 의미하니 말이다. 안타깝게도 전쟁은 수많은 부상자와 사망자, 파괴와 피난 등을 초래한다. 그럼에도 동시에 전쟁이 무조건적으로 '통제 불능의 혼돈상태'나 '고삐 풀린 폭력의 분출'과 동의어라고는 말할 수 없다. 사실상 전쟁은 의례, 법률, 제스처, 테두리, 규율, 한계 등을 필요로 하기 때문이다. 이 문제를 몇 가지 질문의 형식으로 다시 풀어써보자. 전쟁은 폭력을 규제하고 제어해주는가? 아니면, 형식적인 측면의 적법성은 전쟁을 수용 가능한 것으로 둔갑시키기 위한 위선적인 원칙, 더 나아가 거대한 기만에 불과한가? 한편 이러한 질문은 또 다른 의문도 제기한다. 구체적으로 총력전이 무제한적인 폭력의 지배를 의미한다면, 총력전이란 모든 전쟁에 숨겨진 심오한 진실을 드러낸다고 봐야 할까, 아니면 반대로 전쟁의 본질을 위반하는 것이라고 간주해야 할까? 이것은 사실 영원히 해답을 구하기 어려운 질문일 수 있다. 하지만 적어도 우리는 이 질문들을 나침반 삼아 총력전의 의미를 규정해볼 수는 있을 것이다. 이 책에서는 총력전의 의미를 살펴보기 위해 극단적 공격, 절대적 적, 총동원, 이 세 가지 개념을 활용해보고자 한다.

사실상 어떤 전쟁이 **총체적**이라는 말은, 공격에 제한이 없다는 일차적 의미로 이해할 수 있다. 하지만 대뜸 이렇게 발끈하는 사람도 있을 것이다. 본래 근본적으로 전쟁은 최대한 많은 적을 죽이고, 적의 진지를 완전히 파괴하고, 적군을 철저히 무력화해야 하는 일이 아니냐고 말이다. 세상에 적을 완전히 **궤멸**하는 것만큼, 가장 효율적으로 적을 무력화할 수 있는 방법이 또 어디 있겠는가? 하지만 이러한 주장은 진실이라고 하기에는 너무 모호하다. 사실상 르네상스 시대에 군주는 **콘도티에리**(용병대장)에게서 값비싼 용병을 빌려 썼지만, 최대한 '경제적으로 아껴서' 용병을 운용하려고 노력했다. 그런가 하면 17세기 포위전은 또 얼마나 지루한 싸움이었는가. 당시 군사들에게 요구된 것은 추위와 권태를 잘 이겨낼 수 있는 끈기였다. 한편 계몽주의 시대에도 대규모 군대를 동원한 전투가 있었지만, 대개는 자잘한 교전 혹은 불과 몇 발의 포를 주고받는 데 그쳤다. 게다가 전쟁을 끝낼 수만 있다면 아무리 모호한 제안도 기꺼이 받아들이려 했다. 한편 마지막 순간에 가서 가까스로 전쟁 위험을 모면하는 사례도 부지기수였다. 심지어 실제 전투는 벌이지 않고 교묘하게 전투를 지연하며 상대를 괴롭히는 작전을 펴기도 했다. 또한 상징적인 장소에 포진한 군인들이 왔다 갔다 행진만 하며, 상대에 대한 '존중'의 표시로 각종 예법과 요식 행위를 선보이는 데 그치기도 했다. 그것을 일컬어 이른바 '레이스 전쟁'이라고 불렀다. 그럼에도 프랑스혁명 이전의 일부 전쟁들은 극도로 잔인한 면모를 드러냈다. 대표적인 예가 푸리아 프란체제furia francese*로 악명을 떨친 제1차 이탈리아 전쟁 (1494~1495)이었다. 그 밖에도 보헤미아 왕국의 종말을 가져온 빌라호라 전투(1620)**도 빼놓을 수 없다. 하지만 이

* 이탈리아어로 '프랑스의 광기'를 의미한다.
** 신성로마제국 합스부르크 왕조의 통치에 대항하여 보헤미아 영지에서 일으킨 반란으로, 30년 전쟁의 시작이 됐다.

러한 극단적 공격은 표준적인 전쟁과는 한참 거리가 멀었다. 오히려 일정한 격식을 갖춘 왕가나 귀족 간 분쟁의 모습에 훨씬 가까웠다.

현대 서구 전쟁의 진정한 변곡점이 된 사건은 1792년 전쟁이었다. 유럽 군주정에 반대한 프랑스 혁명운동은 일찌감치 열정 면에서 깊은 인상을 남겼다. 비록 어설프지만 놀랄 정도로 뜨거운 열정, 압제에 맞서 민중의 해방을 위해 싸운다는 확고한 신념은 혁명가들의 부족한 전문성을 상쇄했다. 1790년 계몽시대의 전략가인 기베르는 앞으로 일어날 혁명적 변화를 일찌감치 예감하며 이렇게 썼다. "국가가 전쟁에 직접 참여하게 된다면, 상황이 180도 달라질 것이다. 한 나라의 국민이 군인이 될 터고, 우리는 그들을 적으로 대하게 될 것이다. 언제든 그들이 우리에게 맞설 수 있다는 두려움과 그들을 뒤에 남겨놓는 것에 대한 불안감으로 우리는 어떻게든 그들을 철저히 궤멸하려 할 것이다. 과거의 전쟁술, 저 근대적 전쟁시스템은 얼마나 훌륭했던가. 국가 간 분쟁을 해결하기 위해 일부 병력만 동원하면 되고, 나머지 국민은 평화로운 삶을 지속할 수 있었다. 규율이 숫자를 대신하고, 과학이 승리의 가능성을 뒤흔들고, 전쟁 중에 잔혹한 일들이 강요되는 와중에도 언제나 질서와 보존에 대한 개념을 잊지 않으려 노력했다."[3]

군주나 제후들이 대립하는 전쟁, 왕가의 갈등을 해결하거나 상징적인 힘을 과시하거나 명예로운 계급을 유지하기 위해 벌이는 전쟁은 극단적인 양상으로 치닫는 경우가 극히 드물었다. 반면 국가나 시민, 이념이 대립하는 현대의 전쟁은 세계의 모습을 완전히 바꿔놓았다.

새로운 시대, 새로운 전쟁, 새로운 폭력. 나폴레옹 군대는 돈이 아닌, 더 높은 이상을 위해 싸운다는 혁명가로서의 신념에 더해, 난폭함이라는 문화도 함께 겸비했다. 사실상 보나파르트는 치밀한 계산이나 복잡한 작전을 우습게 생각했다. 그가 신뢰하는 것은 오로지 폭력적인 힘뿐이었다. 상대를 타격하는 것, 최대한 강력하게 타격하는 것이 그의 최대 관심사였다. 유일한 군사적 지략은 공격을 어떻게 배분하는가 하는 문제였다. 흔히 전쟁이란 상당한 규모나 화력을 갖춘 두 군대가 정면으로 충돌하는 것이라 생각하지만, 그것은 그저 이론에 불과하다. 이동 경로나 시간, 지형의 우발성을 감안할 때, 언제나 전투는 한시적으로 연대 대 연대의 싸움 형태를 띤다. 그런 만큼, 전쟁 전체적인 측면이 아니라, 매 전투에서 얼마나 지리적으로 유리한 고지를 차지하는가가 전쟁의 승패를 좌우한다. 또한 자국에서 전투를 치르는 군대일수록 더 우수한 기동력을 자랑한다. 그리고 무엇보다 적을 끝까지 뒤쫓아, 지친 적의 숨통을 끊을 때 비로소 전쟁에서 승리한 것으로 간주된다. 적 추적의 도그마(적이 퇴각한다고 승리의 나팔을 부는 것이 아니라, 끝까지 적을 향해 화력을 집중하는 것)는 나폴레옹이 단순히 적이 백기를 들게 만드는 데 그치지 않고, 철저히 적을 굴복시키는 것을 목적으로 했다는 사실을 여실히 보여준다. 난폭함이란 실제로 무제한적인 무력을 사용하는 것을 의미하기도 하지만, 동시에 공포감을 주는 존재라는 평판, 상대의 마음속에 결코 대적할 수 없는 상대라는 무시무시한 확신을 심어주는 것 역시 난폭함에 속한다. 총력전의 특징은 상대가 퇴각함으로써 우월한 위상을 선포하는 일차적 의미에서의 형식적인 승리가 아닌, 상대의 철저한 궤멸을 추구한다는 점이다.

사실상 섬멸은 극단적 공격의 결과다. 총력전 논리에 속하는, 두 가지 경쟁적인 전술 역시 적을 궤멸하는 동일한 효과를 낳는다. 바로 소모 전술과 고립 전술이다. 소모 전술이란 지속적으로 화력을 집중해 상대를 지치게 만드는 전술이다. 가령 러시아군이 돈바스 지역의 도시들(세베로도네츠크, 마리우폴 등)을 하나둘 '정복'해 군사 점령에 이른 방식을 떠올려볼 수 있다. 당시 러시아군은 로켓포와 미사일을 쉴 새 없이 쏟아부어 저항군을 '야금야금 무너뜨리는' 작전을 폈다. 한편 고립 전술이란 우회작전을 통해 한 적군의 부대를 본대와 고립시켜 해당 부대를 와해시키는 작전을 말한다. 함정에 빠진 부대원들은 후방의 지원을 받을 수 없다는 사실에 절망해 결국 자멸하고 만다. 이는 2022년 9월과 10월 우크라이나가 동부, 북부, 남부의 일부 도시를 재점령할 때 사용한 전술이었다.

* * *

적군은 끝없는 공세 속에서 결국 소모 전술에 의해 지치거나, 고립 전술에 의해 홀로 고립된 채 점차 힘을 잃어간다. 총력전은 항복이 아닌 섬멸을 추구한다. 그러한 점에서 총력전의 적군은 우리와 결코 같은 세계에 속하는 존재로 간주되지 않는다. 총력전에서 적은 거의 괴물에 가까운 타자로 이해된다. 그런 만큼, 상대를 깨끗이 사라지게 하고,

무력화하고, 철저히 제거하는 것이 정당화된다. 카를 슈미트는 이처럼 전통적 전쟁에서의 '정당한 적justus hostis'을 총력전에서의 '절대적 적'과 구분했다.[4] 이른바 '형식적'이고, '전통적'이며, '규범을 준수한' 전쟁에서는, 각각의 진영(특히 전투에서 지켜야 할 행동을 결정하는 상위 계급의 군사)이 적을 자신과 동일한 세계(군 세계)의 존재로 인식한다. 적도 자신과 마찬가지로 결투예법과 명예를 중시하고, 기본적인 전쟁법규를 준수하기 위해 노력하는 자라고 여긴다. 이 경우 전쟁은 상대를 궤멸시키기 위한 시도라기보다는, 오히려 일종의 스포츠 경기나 게임에 가까워진다. 그런 의미에서 적이라는 관념 속에는 근원적인 적대감의 개념이 존재하지 않는다. 오히려 '협의에 의한', '증오가 배제된' 적으로 인식된다. 루소가 훌륭히 지적한 바 있듯이, 이런 종류의 전쟁에서는 "각 개인이 **우연한 기회**에 적이 되었을 뿐, 결코 인간이나 시민의 차원에서 적은 아니"(I, IV)다.

총력전을 옹호할 수 있으려면 적이 반드시 없애야 할 윤리적으로 추악한 존재라는 믿음이 필요하다. 적은 나와 동일한 세계에 속한 존재가 아니어야 한다. 적은 싸워 없애야 할 괴물이어야 한다. 그의 존재는 나의 세계 및 가치관의 존속을 위협해야 한다. 가령 성전이라는 총력전의 경우를 살펴보자. 성전은 신성한 신의 이름을 내걸어, 때로는 사안의 경중에 따라 극단적인 방법마저 불사하며, 무신론자나 완고한 불신자들과 맞서 싸운다. 광신도들의 눈에 이들은 존재 자체만으로도 참된 종교에 대한 모욕이다. 실제로는 '외부의' 적을 철저히 파괴하는 것에 불과한 행위가 신의 영광을 드높이는 행위로 추앙받는다. 그런가 하면 식민지 전쟁이라는 총력전은 또 어떠한가. 식민지 전쟁은 짐승 취급을 받는, '열등한' 인류를 상대로 싸우는 전쟁이었다. 하지만 그것이 성전이든 식민지해방전쟁이든, 어쨌거나 무자비한 학살이 벌어진다는 점에서는 두 가지 모두 동일하다.

적의 성격(불신자, '야만인', 범죄자)은 그 자체로 전쟁의 목적을 바꿔놓는다. 전쟁의 목적은 더 이상 한정적이지 않고, 좁은 의미(영토 확장, 상징적인 점령 행위, 왕조의 설욕 등)에서의 '정치적'인 성격을 띠지도 않는다. 전쟁은 오히려 도덕적이고도 절대적인 목적을 추구한다. 전쟁이 메시아적인 목적을 추구하는 순간, 전쟁의 목표는 절대적 차원을 내포하게 된다. 절대적 차원은 고삐 풀린 무력을 초래한다. 추악한 자를 때려눕힌다는 미명 아래 모든 수단과 방법이 허용될 수 있기 때문이다. 이 경우 전쟁의 목적은 정치적이다. 단, 메시아적인 의미(구세계 철폐, 정의로운 사회 구현, 삶의 변화 등)에서 정치적이다. 그런 의미에서 이 경우에도 똑같이 극단적 폭력이 발견된다. 절대적 적은 인류의 자기실현, 세계의 항구적 평화를 저해하기 때문에 반드시 파괴해야 할 대상으로 간주된다. 하지만 뭐니 뭐니 해도 가장 참혹한 전쟁은 단연 이념전쟁이다. 두 개의 상반된 세계관이 대립하는 경우 그 어떤 협상의 가능성도 존재하지 않기 때문이다.

역설적이게도, 전쟁의 목적이 도덕적일수록 도덕적이지 않은 전쟁이 정당화된다. 조금 더 깊이 살펴보면, 가장 규범과는 거리가 먼, 가장 참혹한 전쟁은 최종적이면서도 영구적인 평화를 목표로 하는 전쟁이다. 평화가 두 무력분쟁 중간에 존재하는 휴지기에 불과하다면, 그리고 일종의 사법적 상태에 해당한다면, 전쟁은 '합리적인' 중간상태를 형성하며 전투를 벌이는 와중에도 이미 평화를 준비하는 과정을 동반할 것이다. 하지만 전쟁이 도덕적인 절대성을 지닌다면, 지복천년의 미래를 약속한다면, 결국 전쟁은 이를 실현하기 위해 모든 내부적 한계의 원칙을 무너뜨리려 할 것이다.

앞서 우리는 '정의로운'(도덕적이거나 규범을 준수한) 전쟁의 두 가지 의미를 살펴보면서 이미 비슷한 종류의 논리적 난점을 마주한 적이 있다. 말하자면, 우리가 평화를 절대시하면, 전쟁의 규제는 약화될 위험이 있다(모든 전쟁을 종식하기 위해 극단적 수단이 허용될 것이다). 또한 우리가 전쟁을 일상화한다면, 평화의 가치는 훼손될 우려가 있다(국익을 위해 행사된 폭력으로 인해 희생자가 발생하는 것을 아무렇지 않은 일로 받아들이게 될 것이다).

＊＊＊

역사적으로 본래 총력전의 의미(1930년대)는 사생결단식의 극단적 공격이나 절대적 적이라는 주제와는 전혀 거리가 멀었다. 처음에는 **동원**의 개념이 더 강했다. 전쟁을 위한 노력에 한 나라의 모든 노동력을 투입하는 전쟁을 '총력전'이라고 불렀다. 먼저 강제 징집을 통해 남성들을 동원했다. 대규모 징집으로 모든 남성이 대대적으로 전선으로 보내졌다. 다음으로 여성도 다양한 역할에 동원됐다.

전선에 나간 남자들을 대신해 농사를 짓거나, 공장 일을 하거나, 아이를 돌보거나, 전쟁터에서 전투 중인 남편이나 친척들의 사기를 진작하는 역할을 도맡았다. 한편 물리력도 동원됐다. 산업부문과 농업부문 모두 최우선적으로 군사작전 지원에 매진했다. 또한 정신력도 동원됐다. 모든 국민이 온 마음을 다해 승리의 자신감을 불어넣고 군인의 사기를 진작하기 위해 매달렸다. 그런 의미에서 푸틴이 우크라이나를 상대로 벌이는 전쟁도 날이 갈수록 점점 더 총력전의 모습을 닮아가고 있다. 어느새 러시아는 전시경제로 돌입해, 모든 산업(모든 기업이 국가가 요구한 조건대로 군수계약을 체결해야 할 의무를 지닌다)과 정신력(모든 종류의 비판을 철저히 차단하고 있다)을 총동원하고 있다.

제1차 세계대전 동안 모든 자원이 총동원되고, 모든 재산이 강제 징수되고, 모든 투자가 전쟁에만 집중되고, 모든 인재가 강제로 차출되는 모습은 '경악'과 '경이'라는 두 의미에서 문자 그대로 세계를 '놀라게' 했다. 에른스트 윙어Ernst Jüngers는 저서 《총력전Die totale Mobilmachung》[5]에서 이와 관련해 매우 인상적인 글을 남겼다. 이 책은 기사와 군주의 전쟁이 끝나고 어떻게 노동자들의 전쟁이 도래했는지 설명했다. 그에 따르면 전쟁은 어느새 인간을 태우는 거대한 가마, 인간의 육신과 강철을 짓이기며 다량의 에너지를 소비하는 기계로 전락했다. 현대 전쟁에서는 철저히 적을 궤멸시키기 위해 모든 것이 한도 끝도 없이 총동원된다. 어쩌면 총력전이란 비대한 자본주의의 은유가 아니라, 그 완성을 의미한다고 볼 수도 있으리라. 총력전은 마치 광물을 빻듯 육체를 짓이기고 분쇄하며, 공장에서 물건을 찍어내듯 시신을 생산해내니 말이다.

총력전이란 개념이 지닌 현대적 성격을 이해하려면, 무엇보다 이러한 기술적 차원에 주목할 필요가 있다. 동원이라는 개념을 단순히 생존의 차원에서만 이해할 경우 우리는 잘못된 길로 들어설 수 있다. 가령 마키아벨리는 가장 참혹한 전쟁이 일어나는 시기에 대해 다음과 같다고 썼다. "기아나 전쟁으로 인해 어쩔 수 없이 모든 백성이 고향의 땅과 아내, 자식을 내버리고, 새로운 땅, 새로운 거처를 찾아 나설 때다. (…) 이전에 살던 주민들을 때려서 내쫓고, 그들의 집을 개인적으로 소유하려 할 때다. 바로 이런 종류의 전쟁이 가장 참혹하고 가장 잔혹한 전쟁이다."[6] 이러한 생존이 걸린 전쟁은 사실상 먹느냐 먹히느냐, 사느냐

죽느냐의 문제와도 같다. 물론 이런 생존의 차원도 놀라운 직관을 선사한다. 하지만 생존에 역점을 둔 사고는 현대 총력전의 핵심을 간과할 수 있다. 사실상 현대적 개념의 총력전에는, 단순히 삶의 문제만이 아니라 냉혹한 기술의 논리가 개입하기 때문이다. 동원이라는 개념은 단순한 생존의 차원을 뛰어 넘어, 모든 존재자가 전쟁을 위해 '복무' 해야 한다는 의미를 내포하고 있다. 예외 없이 모든 것이 전쟁을 위해 복무할 수 있고, 또 복무해야 한다고 간주된다. 금속, 영혼, 식물, 육체는 물론, 그 어떤 작은 물질 조각도, 그 어떤 작은 숨결조차도 예외가 될 수는 없다. 이처럼 모든 인재와 재산을 무차별적으로 난폭하게 착취하는 현상을 한나 아렌트[7]는 전체주의 정권의 본질이라고 이해했다. 그녀에 따르면, 이러한 행태는 계획주의 경제 체제나 선전술, 모두에서 발견된다. 한편 하이데거도 '닦달gestell'* 이라는 개념을 거론해, 비슷한 용어로 기술의 본질을 폭로

---

* 하이데거가 현대기술의 본질로 이해한 용어. 가령 자연에는 에너지와 원자재를 내놓으라고 닦달하는 등 그는 현대기술이 존재자의 특성과 다양한 측면은 무시한 채 모든 것을 오로지 기술적 맥락에만 한정하려 한다고 비판했다.

했다.[8]

그런 의미에서 자본주의는 자연을 상대로 벌이는 총력전에 해당한다고도 말할 수 있다. 자본주의는 자연을 동원한다. 전체주의 정권이든, 자본주의 산업이든, 모두가 역점을 두는 것은 생산의 극대화 그리고 정신과 사물의 적극적인 투입이다. 그 무엇도 결코 이러한 몰수 행위를 피해갈 수 없다. 물론 누군가는 전쟁이란 단순히 이런 논리만이 아니라, 죽음의 요소도 함께 고려해야 하는 문제라고 말할 것이다. 하지만 결국 착취란 것도 알고 보면 일종의 파괴 논리가 아닐까?

이런 죽음의 차원은 종종 전쟁의 **청구서**쯤으로 간주되기도 하지만, 사실상 현대성의 어두운 면을 고스란히 보여주는 사례에 해당한다. 앞서 지적한 것처럼 이른바 '도살장'으로도 표현된 제1차 세계대전에서 병사들은 총을 들고 전쟁터에 뛰어들어, 솜 평원에서 수천 명씩 전우들이 죽어나가는 모습을 지켜볼 때 어떤 기분이었을까. 바로 스스로가 미친 듯이 육체와 강철을 소진하는 대량살상산업의 한 부품이 되었다는 느낌이었으리라. 기술의 탐욕은 한계가 없다. 가증스럽게 전쟁이 표방하는 목적(상대 전선을

단 몇 킬로미터라도 물러나게 만드는 것)은 사실상 죽음의 기계를 돌리기 위한 한낱 핑곗거리에 지나지 않는다. 전쟁은 더 이상 카를 폰 클라우제비츠[9]가 표현한 '다른 수단을 통한 정치의 지속'이 아니다. 오로지 전쟁을 확산하고 증대하기 위한, 전쟁에 의한 정치의 이용에 지나지 않는다. 전쟁은 오로지 살상이라는 목적이 다른 모든 것을 빨아들이는 기계로 전락했다.

산업이 지닌 이런 참혹한 측면이 바로 어쩌면 우리가 적을 악마시하고 싶어 하는 유혹의 근원일지 모른다. 우리의 살상 기술은 어느새 너무나도 흉측한 괴물이 되어버려서, 급기야 살상 기술을 사용하는 자는 자신의 눈에 스스로 괴물이 되지 않기 위해, 자신보다 더 괴물 같은 적을 상대로 살상 기술을 사용해야만 하게 되었는지도 모른다. 말하자면 기술이 악마가 아니라는 사실을 입증하기 위해서는, 어쩔 수 없이 적을 악마로 만들어야만 하는 것이다.[10]

6장

왜 전쟁을 벌이는가?

인간은 왜 서로 전쟁을 벌이는가? 그토록 오랜 옛날부터 서로 죽자고 싸워온 이유가 무엇일까?

이 아찔한 난제에 대해 역사적으로 수많은 학문이 나름의 해답을 제시해왔다. 저마다 격식을 갖추어 나름의 서사와 궁극의 이유를 내놓았다. 인류학, 경제학, 심리학, 역사학, 정신분석학, 정치학, 철학 등 각각의 이론은 바로 '그' 근본적인 원인을 해명했다며 자찬했다. 하지만 아무리 정교하고 심오한 해답도 결코 완벽하게 만족스럽지는 못했다. 마치 무엇인가가 끝까지 항전하는 것처럼 느껴졌다. 사실상 전쟁론에서 폭력에 관한 부분은 아무리 부딪혀도 깨어지지 않는 견고한 바윗덩어리에 해당한다.

앞으로 이 책에서 전쟁의 3대 원인을 개괄해보려고 한다. 사실 전쟁의 3대 원인은 수 세기에 걸쳐 전쟁에 대해 사유한 수많은 위대한 사상가들의 연구 속에서도 놀랄 정도로 꾸준히 발견된다. 가령 투키디데스, 토마스 홉스, 레이몽 아롱 등의 저술에서도 똑같은 전쟁의 3대 원인을 찾아볼 수 있다. 물론 각각의 저술에서 사용된 구체적인 용어는 각기 다르지만, 중심 의미는 언제나 동일하다. 그들의 설명에 따르면, 전쟁의 원인은 모두 세 가지, 바로 탐욕, 공포, 명예욕이다. 요컨대, 홉스가 '자연적'이라고 간주한 이 세 가지 기본적인 징념, 감히 거역할 수 없는 가장 기초적인 이 세 가지 영혼의 운동이 전쟁의 뿌리를 형성하는 셈이다.

본격적으로 전쟁의 3대 원인을 개괄하기에 앞서, 세 가지 기본적인 징념에 입각한 우리의 설명보다 훨씬 더 타당하다고 간주되는, 그동안 수없이 되풀이되어온 기존의 설명 방식을 잠시 짚고 넘어가야겠다. 우리는 앞서 인간이 상대를 물어뜯으려는 깊은 야수성, 즉 짐승의 본능을 내재하고 있어서 자연스럽게 호전적인 경향을 띤다는 주장을 살펴봤다. 그런 의미에서 '왜 전쟁을 벌이는가?'라는 질문에 대해 대다수는 다음과 같이 세련되게 답변하곤 한다. 인간을 문명화하려는 모든 노력에도 불구하고, 인간의 내면에는 여전히 짐승 같은 공격성이 너무 많이 남아 있고, 반면 야생의 상태로 돌아가는 것을 막아줄 문명의 장벽은 너무 부실하다고 말이다.

하지만 언제 튀어나올지 모르는 '야수성'을 전쟁의 원인으로 설명하는 방식은 전쟁의 원인을 철저히 해명하기에는 여전히 부족해 보인다. 비록 러우 전쟁의 경우, 흔히 잔인한 용병, 야만인, 피에 굶주린 야생의 늑대 등에 비견되는 러시아군의 만행에 대한 이야기를 듣고 있자면, 그것이 충분히 타당한 해석처럼 들리기도 하지만 말이다. 하지만 첫째, 야수성에 대한 설명은 진부한 동어반복에 해당한다. 가령 인간이 호전적인 이유는 공격적인 본능에 사로잡혀 있기 때문이라는 말은 모두 엇비슷한 얘기처럼 들린다. 둘째, 이런 종류의 설명은 전쟁의 포화 속에서 인간이 드러내는 살인적 광기에 대해서는 어느 정도 설명해줄 수 있을지 몰라도, 정작 전쟁이나 전투를 개시하기로 한 결정이 파렴치하지만 전문적인 계산에 의해, 철저히 문명화된 정치인이나 군 수뇌부의 회의를 통해 내려진 결과라는 사실에 대해서는 아무런 해명도 해주지 못한다. 더욱이 야수성에 근거한 해석은 아무도 미처 묻지 못한 문제점을 제기한

다. 동물 세계는 진정으로 인간의 전쟁만큼이나 폭력적일
까? 물론 동물 세계에도 종간 폭력이란 것이 존재한다. 또
한 사나운 고양잇과 동물들에게서 찾아볼 수 있는 사냥 행
태는 공격적인 본능에 의거한다. 그럼에도 양을 상대하는
늑대나 영양을 상대하는 암사자에 대해 우리는 과연 '전
쟁'이란 표현을 사용할 수 있을까? 만일 그렇다 치면, 최상
위 육식동물인 인간은 다른 동물들을 자신의 위장의 법칙
에 순응하도록 만들기 위해 동불 세계 전체와 선전 포고라
도 내렸단 말인가!

동물 사이의 폭력에 비추어 인간이 서로 벌이는 전쟁을
이해하기를 원한다면, 종간 폭력에 관심을 갖고, 가령 사
자나 늑대가 벌이는 맹렬한 전투를 탐구해봐야 할 것이다.
하지만 동물행동학자들의 연구를 보면 잠시 고개를 갸우
뚱하게 된다.[1] 물론 동물행동학자들은 동물에 내재한 공격
성의 존재를 인정하지만, 두 가지 사실을 잊지 않고 지적
한다. 먼저, 동물은 오로지 목적 수행을 위해서만 공격성
을 드러내며, 목적에 따라 공격성을 조절할 수 있다는 점
이다. 가령 동물은 자기 영역을 표시하거나 수호하려 할
때, 무리의 우두머리를 결정해야 할 때, 암컷을 차지해야

할 때 제한적으로 공격성을 발휘한다. 동물이 폭력을 행사하는 목표는 '보호'에 있다. 가령 집단의 결속이나 생존을 유지하기 위해서다. 반면 동물은 결코 아무런 이유 없이 공격하는 일이 없다. 게다가 무조건 상대를 죽이지도 않는다. 고양잇과 맹수는 무리의 서열을 정하기 위해 서로 으르렁대다가도, 그중 한 마리가 싸움을 멈추고 싶다는 의미로 자신의 가장 취약한 부위인 목을 상대에게 내밀면 싸움이 종료된다. 목은 단 한 번의 공격만으로도 죽음을 맞이할 수 있는 급소에 해당한다. 그런 의미에서 목을 내미는 자세만으로도 상대는 공격성을 누그러뜨리는 것이다. 이처럼 동물들의 싸움에서는, 결코 사생결단식의 잔혹성이나 아무런 이유 없는 공격을 찾아볼 수 없다. 사실상 진실로 **짐승 같은** 것은 오로지 인간뿐, 동물은 결코 그렇지 않다. 단, 인간이 키우는 반려동물만은 예외다. 사실상 가학적인 잔혹성은 인간적인, 너무도 인간적인 특성에 해당한다.

공격성을 타고난 본성으로 간주하는 개념은 집단 폭력을 제대로 설명해주지 못한다. 그에 비하면 오히려 '죽음의 충동' 개념이 더 나은 설명을 제시할 수도 있다. 가공할 세계대전[2]을 겪은 프로이트는 가늠할 수 없는 것을 가늠하고, 폭력의 깊은 신비 속을 탐험하기 위해 '죽음의 충동'이란 개념을 창안해냈다. 사실상 폭력이 지닌 도구적 성격을 언급하는 경우, 우리는 폭력을 설명하기가 훨씬 더 수월해진다. 인간은 종종 지배·충격·포획의 효과를 노리고 과도한 무력을 사용한다. 하지만 어떤 합리적인 목적, 어떤 데카르트적 목표도 두 차례의 세계대전에서 살펴볼 수 있었던 광적이고 비이성적인 폭력의 존재는 설명해주지 못했다. 우리는 유럽사회를 뒤흔든 대재앙에 큰 충격을 받은 프로이트의 마음을 충분히 헤아릴 수 있다. 그는 오로지 자아의 소멸을 초래하는 비합리적인 충동을 언급하는 방법 말고는, 도저히 부분적으로나마 전쟁의 광기, 상호 살육의 광풍을 설명할 길을 찾아낼 수 없었던 것이리라.

* * *

그럼 각설하고 본격적으로 본론으로 들어가보자. 이제부터는 전쟁론의 교본으로 통하는 홉스의 《리바이어던》 13장을 길잡이 삼아, '전쟁의 전통적인 주요 원인' 세 가지를 살펴보도록 하자.

인간이 전쟁을 벌이는 첫 번째 이유는, 그다지 놀랍지도 않지만, 바로 물질적 이득을 얻기 위해서다. 가령 인간은 타인의 재산을 빼앗거나, 영토를 정복하거나, 귀중한 광맥을 손에 넣기 위해 전쟁을 벌인다. 이윤 추구, 다시 말해 탐욕은 전쟁의 가장 궁극적 이유에 해당한다. 가령 걸프전이나 그 이후 이라크에서도, 비록 모든 언론은 주권을 유린당하고 억압받는 민족을 해방하기 위해 전쟁을 벌인다는 고귀한 명분을 내세웠지만, 공론장에서는 여기저기 의심하는 목소리가 적지 않았다. **사실** 진짜 목적은 석유가 아니었을까? 이런 사실을 단순하게 확인(다소 냉소적이지만 대개 통찰력을 겸비한 판단)하는 수준을 넘어, 우리는 전쟁의 '경제적 이유'를 조금 더 **심층적으로 파헤쳐볼** 필요가 있다. 대개 약탈의 필요성은 희소성에서 비롯된다. 광물자원이 부족한 나라는 인접국의 자원을 빼앗고 싶은 욕망에 사로잡힌다. 사르트르도 《변증법적 이성 비판Critique de la raison dialectique》에서 인간들 사이의 폭력의 가장 큰 책임은 희소성에 있다고 지적한 바 있다. 두 사람이 동시에 **동일한** 대상을 향유할 수 없기 때문에 싸움을 통해 대상의 소유자를 결정하는 것이다. 물론 희소성도 타당한 설명이

될 수 있다. 하지만 그보다는 오히려 인간이 소유할 수 있는 것은 한계가 있는 반면, 인간의 욕망은 무한하다는 그 차이, 바로 그 격차가 더욱 더 인간을 전쟁으로 몰아넣는 것은 아닐까. 한편 '편의의 경제'에 대한 논의도 빼놓을 수 없다. 폭력을 이용하면, 다른 사람이 장시간 노동으로 얻은 재산을 빠르게 소유할 수 있다. 그런 의미에서 절도는 언제나 게으른 자들이 쉽게 빠지는 유혹으로 간주되어 왔다. 폭력을 통하면 순식간에 소유자가 될 수 있다. 비록 위험 부담과 시간 절약의 정도를 서로 저울질해야 하는 문제는 여전히 남겠지만 말이다. 마지막으로 약탈전쟁은 질투심과 시기심을 자양분으로 삼는다. 여기서 잠시 르네 지라르René Girard*의 유명한 모방적 욕망에 대한 이론을 떠올려 보자. 이 이론에 따르면, 전쟁은 인간의 욕망 때문에 숙명적인 성격을 띨 수밖에 없다. 사실상 대상에 대한 욕망은 자연적으로 순수하게 생겨나는 것이 아니기 때문이다. 흔

* 프랑스의 인류학자이자 철학자. 주 업적인 '모방 이론'은 문헌학과 역사학, 인류학, 경제학, 심리학, 철학을 통합시키려는 엄청난 야망으로 학계와 세간의 큰 관심을 끌었다.

히 사람들은 객관적인 특성이 욕망을 자극한다고 피상적으로 생각한다. 가령 대상과의 대면, 즉 나와 사랑받는 대상 사이의 관계에서 욕망이 생겨난다고 말이다. 하지만 르네 지라르는 욕망이란 '삼각관계'[3]에서 비롯된다고 주장하며 기존의 환상에 반기를 들었다. 그에 따르면, 타자의 욕망이 바로 사랑받는 존재에게 돌연 눈부신 광채를 부여하며, 미친 듯이 매혹적이고 사랑스러운 존재로 보이게 만들어주는 것이다. 세상에 질투심이 자극제로 작용하지 않은, 위대한 사랑은 존재하지 않는다. 질투심은 경쟁의식을 자극하고, 끝내 분쟁을 부채질한다. 욕망이란 결코 사랑하는 주체와 사랑스러운 대상 사이의 단순한 관계가 아니다. 흡사 자연이 여러 존재 간에 은밀한 조화를 미리 점지해놓아서, 인간은 자신의 욕망에 부합하는 짝, 장소, 관심사를 찾기 위해 인생의 모험을 거치게 마련이라는 주장은 결코 사실이 아니다. 오히려 타인이 일정 대상을 향유하는 모습을 바라볼 때 비로소 그 대상을 향한 욕망이 생겨난다. 그리고 그로 인해 순식간에 전쟁이 벌어지기까지 한다. 이런 모든 양상에서 소위 '경제적인' 이유도 꼭 살펴봐야 할 요소에 해당한다. 심지어 전쟁의 경제적 원인을 설명해주는 역사적 증거도 여기저기 수두룩하다. 가령 인류 역사 속에 전쟁이 처음 등장한 것은 신석기시대부터였다는 고생물학자들의 연구가 대표적이다.[4] 사실상 약탈·강탈·점령 등 공격적 활동의 형태를 띤 전쟁이 처음 시작된 것은, 오랜 수렵·채집의 시대가 끝나고, 최초로 (산업·목축업 등의 발전과 함께, 체계적인 국가의 등장으로) 정착사회가 출현함과 동시에 식품 저장고와 연장 및 가축 창고가 등장하면서부터였다.

  사실 신석기시대는 전통적으로 외부와 내부의 일을 구분하고, 남녀 간 역할 분담과 사회적 위계질서를 제도적으로 확립한 시기이기도 했다. 전쟁은 남녀 간 역할 분담이 매우 긴급하고 불가피한 사안이라는 인식과 함께 역할 분담의 필요성을 더욱 공고히 했다. 말하자면 남녀 간 차이는 폭력적인 방식에 의해 강제된 것이 아니었다. 전쟁이 남녀 차이의 필요성과 긴급성을 강화하는 데 일조한 것이다. 말하자면 전쟁의 '남성적 일상성normâlité'*이라고 해야 할까.

* '일상성normalité'과 '남성mâle'의 합성어.

사실상 전쟁은 매번 남성의 구분, 남성의 우월성을 반복적으로 제기하고, 제도화하고, 재확인하는 역할을 했다.

* * *

　지금까지 전쟁이 무력을 통한 전유appropriation 전략의 일종으로, 남성성을 제도화하는 결과를 낳았다는 주장을 살펴봤다. 하지만 여기서 말하는 '전유'란 대체 무엇을 말하는가? 배타적 전유란 이런저런 대상에 대해 그것을 독점적으로 향유할 수 있는 권리를 누리는 것을 의미한다.

　얼핏 전쟁과 사유재산은 철저히 대립하는 관계로 보인다. 어쨌거나 전쟁은 국가의 안위보다는 더 상위의 원칙을 위해, 모든 사유재산의 징발·강탈·탈취·몰수 등을 허용하기 때문이다. 사유재산은 국가이성**에 의해 제한되며, 전쟁 상황은 사유재산의 침해를 정당화한다. 하지만 전쟁과 사유재산의 대립은 그저 피상적인 차원에 불과하다. 영토와 자원을 강탈하는 수단으로써 그것들을 박살내고, 불

** 자기목적적 존재인 국가가 국가를 유지, 강화하기 위해 지켜야 할 법칙이나 행동기준.

태우고, 파괴하기를 주저하지 않는 것으로 간주되는 전쟁은 사유재산의 어두운 면을 보여준다. 그것이 바로 남용이다. 반면 사유재산의 밝은 면은, 우리도 잘 알다시피, 우리가 소유한 것들을 책임지고 보호해주고, 그것들을 잘 유지해주며, 발전시켜준다는 측면에 있다. 그와 반대되는 사유재산의 어두운 측면이 바로 남용인 것이다. 예로부터 라틴 민족은 '사용하고 남용할 권리Jus utendi et abutendi'에 대해 말했다. 재산은 우리에게 획득한 대상을 남용할 수 있는 권리를 부여한다. 어쨌거나 마르크스도 산업 경영자가 계약을 통해 노동자의 노동 시간을 전유한다고 지적한 바 있다. 경영자는 노동자의 노동 시간을 남용한다. 노동자의 육신이 지쳐 떨어져나갈 때까지 노동 시간을 높이고, 과중한 임무를 부과한다. 대지주는 자기 땅을 남용한다. 돈을 벌기 위해 쉴 새 없이 땅을 경작하고, 토양이 황폐해질 때까지 수확량을 늘린다. 전쟁은 인간과 자원을 남용한다. 수많은 인간을 사지로 내몰고, 다량의 자원을 살상에 투입한다. 왜냐하면 칸트가 일찍이 지적한대로, 국가수반이나 군주는 스스로를 인민의 주인이라고 생각하기 때문이다.[5]

자본주의 전유와 전쟁이 맺고 있는 조금 더 특수한 관계에 대해서는 이미 전통적인 마르크스주의 이론이 일찌감치 다룬 바 있다. 가령 마르크스 이론은 국가 사이의 전쟁을 제국주의 경쟁관계의 논리적 귀결로 간주했다. 세계열강이 식민지 건설(자국의 남아도는 상품을 수출할 새로운 판로 개척, 공장 가동에 필요한 새로운 에너지 수급)을 둘러싼 열띤 경쟁을 벌이는 과정에서 어쩔 수 없이 서로 충돌할 수밖에 없다는 것이다. 한편, 1895년 3월 7일 연설에서 조레스Jaurès는 국가 간 전쟁이 무엇보다 '자유주의 진보'라는 미명하에 난폭한 경쟁과 적대 논리를 장려하는 사회 시스템의 표현일 뿐이라고 일갈했다. 그런 이유에서 조레스는 1914년 7월 25일 "폭우를 머금은 먹구름처럼 자본주의는 전쟁을 품고 있다"라고 맹렬히 비난했다.

한편 그보다 훨씬 더 은밀하고, 조금 더 음모론에 가까운, 세 번째 이론도 있다(여기서 우리는 앞서 언급한 에라스무스의 도발적 발언과 다시 대면하게 된다). 바로 국가 간 전쟁이 소수의 자본가 계급을 전복시키고, 생산 수단·공공 서비스·기본재 등에 '공공'의 개념을 재도입하기를 염원하는 혁명 운동으로부터, 민중의 관심을 **멀리 돌려놓기** 위한 수단이라는 견해다. 과거 우리는 대규모 전쟁이 터질 때면 종종 이런 말을 되풀이해서 듣곤 했다. '공장노동자여, 농민이여, 사무직 노동자여, 그대들이 치러야 할 전투가 무엇인지 착각하지 말라….' 그런 의미에서, 전쟁은 마치 사유재산에 대한 신성한 권리를 보장해주고, 소유자들을 **보호**해주며, 그들이 세계를 남용할 수 있는 권리를 영속시켜주는 아주 은밀하고도 중대한 역할을 하는 것처럼 느껴지기도 한다.

＊＊＊

홉스는《리바이어던》13장에서 전쟁의 두 번째 원인으로 공포를 꼽았다. 이러한 견해는 어렵지 않게 바로 확인된다. 가령 인접국이 자국의 군사력과 타격능력을 증강하며 점점 위협적인 존재로 다가온다면, 당연히 우리는 우리가 느끼는 도발에 대해 대응에 나서는 것이 마땅하다고 판단할 것이다.

그런 의미에서 우리는 **선제적 차원**의 정당방위에 대해 생각해볼 수 있다. 가령 각종 위협이 증가하는 상황에서 예방전쟁을 펼치거나, 임박한 공격에 대해 선제전쟁으로 대응하는 것이다. 심지어 푸틴도 우크라이나 침공을 정당화하기 위해 위협 카드를 내밀었다. 가령 우크라이나 내 신나치 세력의 창궐이나 나토군의 포위를 대표적인 위협 으로 지적했다. 그것이 진실이든 거짓이든, 공포는 줄기차 게 전쟁의 원인으로 지목된다. 공포는 용납할 수 없는 침 략을 정당방위로 둔갑시켜주는 훌륭한 동기이자, 그럴 듯 한 이유에 해당한다. 동시에 공포는 그것이 타당한 공포인 지 가장된 공포인지를 판단하는 양자선택의 문제에만 그 치지 않는다. 두려움에 입각한 예견은 우리를 끝내 악순환 의 소용돌이로 몰고 간다. 상상력은 사람의 마음을 사로잡 는 놀라운 마력을 지니기 때문이다. 대체 어떤 확고한 사 실에 근거해 우리는 특정 인접국이나 강대국이 우리를 침 략하고, 우리의 자원을 약탈하려던 계획을 완전히 포기했 다고 자신할 수 있을까? 물론, 우호관계를 선언하거나 평 화조약을 체결하는 방법을 생각해볼 수 있다. 하지만 우리 는 모든 나라의 역사가 배신과 변절로 점철되어 왔다는 사 실을 모르지 않는다. 따라서 모든 위정자는 군사 이동이나 군사력 증강 등과 같은 각종 신호를 통해 위험을 판별한 다. 하지만 공포로 인해 증폭된 상상력은 더 이상 현실을 있는 그대로 받아들이지 못한다. 자신의 숨통을 조이기 위해 강대국들이 서로 어떤 비밀 조약을 맺거나, 은밀히 무기를 구입하지 않았다고 어떻게 장담할 수 있겠는가? 순식간에 꼬리에 꼬리를 문 상상력은 결국 상대를 완전히 불신하게 만든다. 한편 우리의 불안을 지켜보던 **다른 쪽도** 그저 두 손 놓고 방관할 리 없다. 상대 역시 우리의 불신을 명백한 위협으로 간주하며, 그 역시 관찰된 위협에 대응해 재무장을 시도한다. 그러면 우리는 상대가 전투에 대비하는 모습을 지켜보며, 우리의 예견이 정확히 들어맞았다고 판단하리라.

이것이 바로 개인 사이의 적대관계, 국가 사이의 전쟁이 선언되는 과정이다. 즉 전쟁은 서로 상대의 악의를 예단한 데서 비롯된다. 상상이 만들어낸 양측의 공포는 결국 현실을 만들어낸다. 서로의 적개심을 의심하는 순간, 결국 적개심이 죽음의 길 끝으로 내달린다. 위험과 공포가 서로의 편집증을 살찌운다. 에라스무스는 상상이 빚어낸 공포라는 유령이 전쟁을 잉태하는 현상을 다음과 같은 인상적인 구절로 표현했다. "전쟁은 가장된 전쟁으로부터 탄생한다."[6]

***

전쟁의 마지막 근원은 두려움과 거의 반대되는 감정, 바로 '허영심vanité'이다. 홉스는 우월감의 과시, 교만한 자아를 현시하는 행위와 관련된 모든 것을 허영심이라고 봤다. 그런 의미에서 그는 전쟁을 벌이는 것도 허영심의 일종이라고 생각했다. 역사적으로도 상징적 승리를 목적으로 한 전쟁의 예는 수두룩했다. 수많은 전쟁이 역사적인 장소를 점령함으로써, 자신의 적법성을 증명하거나 자국의 군사력이나 우월한 지휘 능력을 과시하거나 최고사령관을 영웅화하려고 시도했다.

하지만 허영심이 전쟁의 원인이 되는 과정을 조금 더 면밀히 살펴보고 싶다면, 단순한 허세(역사책에 길이 남기 위해 전쟁을 벌이는 일) 이상의 차원을 탐구해야 한다. 사실상 우리는 그동안 허영심이라는 전쟁의 원인을 도외시하거나, 과소평가해오는 경향이 강했다. 어찌 책임감 있는 정치인이 공명심을 얻겠다는 헛된 이유로 전쟁이라는 그토록 참혹하고 파괴적인 행위를 벌일 수 있겠느냐면서 말이다.

여기서 잠시 헤겔이 《정신현상학》에서 보여줬던 통찰

력 있는 주장을 함께 살펴보자. 그에 따르면 모든 인정 투쟁은 생사를 건 투쟁이다. 인정을 추구하거나 자신이 타인을 능가한다는 사실을 보여주는 데 광적으로 집착하는 사람은 결국 자신의 우월성을 입증하기 위해 죽음의 공포를 뛰어넘는 수준까지 스스로 올라서야 하는 순간을 마주하게 된다. 마치 내재적인immanent 삶을 잠시 내려놓고, 위대한 업적이나 역사적 복수 등을 위해 위험을 감수하는 능력이 순식간에 자신을 고결한 존재로 높여주기라도 하는 듯이 말이다. 사실 안타깝지만 우리는 청소년들에게서도 이런 종류의 치기 어린 경쟁적 도전 성향을 쉽게 찾아볼 수 있다. 하지만 강대국의 지도자들은 이미 질풍노도의 시기를 다 지난 어른이 아니던가. 물론 역사적으로 전쟁을 선동하거나 개전을 선포한 장본인이 직접 목숨을 걸고 전쟁터에 나가 싸우는 일은 드물다. 그럼에도 오로지 명예만을 목적으로 한 전쟁이 실제로 존재한다는 사실은 결코 부인할 수 없는 진실이다.

우리는 러우 전쟁의 사례를 통해, 앞서 말한 전쟁의 3대 원인이 완벽하게 작동하고 있음을 확인할 수 있다. 먼저 탐욕부터 살펴보자. 러시아는 유럽의 곡창지대를 장악하려는 의도를 품고 있다. 다음은 공포다. 러시아 정부는 우크라이나의 나토 가입 희망을 견딜 수 없는 위협으로 간주한다. 마지막은 명예다. 미 외교계의 거물 즈비그니에프 브레진스키가 지적한 것처럼, 우크라이나는 러시아가 제국의 위상을 지킬 수 있게 해주는 최후의 보루다.[7]

***

잠시 전쟁과 역사의 관계를 천착한 헤겔의 이론으로 돌아가보자. 물론 목적은 어디까지나 그의 사상을 극복하기 위해서지만 말이다. 사실상 헤겔은 전쟁에 대해 매우 총체적인 분석을 제시했다. 그에 따르면, 전쟁은 역사를 움직이는 동력으로, 인류는 전쟁을 통해 앞으로 전진하고, 진보하고, 자기실현에 이른다. 하지만 이러한 주장은 전쟁이 근본적으로 긍정성을 지닌다고 본다는 점에서 상당히 역설적이다. 그럼에도 우리는 그러한 주장을 뒷받침해주는 사례를 어렵지 않게 찾아볼 수 있다. 가령 로마의 정복 전쟁은 서구 세계의 변방으로 로마의 각종 우수한 기술(법, 행정, 거리예술 등)을 전수하며 문명 전파의 역할을 했다. 그런가 하면 나폴레옹이 벌인 제국주의 전쟁도 혁명의 이상을 유럽 전역에 퍼뜨렸다.

하지만 20세기에 이르면서 이러한 진보주의적 이상향, 달콤한 꿈('죽음이 무엇인가를 이루는 데 기여한다')은 구시대의 유물로 바뀌었다. 사실상 두 차례에 걸친 세계대전은 어떤 대대적인 문명 전파의 효과도 가져다주지 못했다. 물론 한편으로는 몇 가지 변화(노동 세계에서 여성의 역할, 일부 의학적 진보 등)를 시기적으로 앞당기는 역할을 하기는 했다. 그럼에도 매번 한층 더 치명적인 살상 무기를 개발하거나 생산하는 일에 매진했다.

그럼에도 어쨌거나 우리는 역사와 전쟁이 어느 정도 밀접한 관계에 있다고 말할 수 있다. 물론 그 관계는 진보적 비전과는 거리가 멀지만 말이다. 가령 멀리서 예를 찾을 것도 없이 바로 러우 전쟁이 그러한 사실을 여실히 보여준다. 러시아는 우크라이나를 침공함으로써 과거 제국의 지위를 상실한 데 대한 굴욕감을 보상받고 싶어 한다. 우리는 여기서 전쟁이 자기 역사에 대한 설욕의 기회, '억압된 것이 회귀'하는 순간이 되어주기도 한다는 사실을 여실히 확인할 수 있다. 홉스는 전쟁을 자극하는 3대 감정(탐욕, 허영심, 두려움)을 제시하면서, 정작 가장 결정적인 감정을 빠뜨렸다. 바로 분노다. 물론 여기서 '분노'란 울분의 폭발, 억압된 충동의 분출, 극도의 스트레스에 대응하는 강력한 반응을 의미하는 것이 아니다. 분노란, 이미 아리스토텔레스가 훌륭하게 지적한 바 있듯이, 무엇보다 설욕의 의지[8], 다시 말해 굴욕적인 과거를 되갚아주고 싶은 욕망, 잃어버린 위상을 회복하고 싶은 마음과 더불어 굴욕적인 과거를 향해 느끼는 격분의 감정을 의미한다. 그런 의미에서 호전적 분노는 정확히 말해 역사를 새롭게 다시 쓰려는 절박한 몸부림이라고 볼 수 있지 않을까? 지도자에게는 자기 민족의 역사를, 병사에게는 자기 자신의 역사를 다시 쓰려는 시도인 것은 아닐까? 미처 소화하지 못한 원한과 해묵은 모욕감이 전쟁의 폭력을 통해 비극적으로 해소되는 현상을 이처럼 우리는 '억압된 것의 회귀'에 입각해 설명해볼 수 있다. 최근 10여 년 간 일부 중동 국가를 휩쓴 내전(이라크, 시리아, 예멘 등 갑작스런 정권 붕괴 이전에 소수 지배계급은 자신들의 이익을 위해 여러 공동체를 억압하며 미래 내전의 씨를 뿌린 바 있다)의 사례에서도, 굴욕적인 과거를 설욕하려는 시도가 빚어낸 참혹한 결과를 여실히 확인할 수 있다. 쓰라린 고통은 엄청난 파괴 에너지를 품고 있다. 그런 의미에서 이제는 수많은 전쟁이 역사를 **위해서**가 아니라, 역사에 **역행해서** 이뤄진다는 사실을 온전히 인정하기 위해서라도 이제 그만 헤겔의 사상을 뛰어넘어야 할 때다.

나가며

그렇다면 무슨
평화를 위한 전쟁인가…

어느 날 전쟁이 끝나면, 다른 날 또다시 전쟁이 시작된다.
모든 운동은 정지 상태로 멈추게 되어 있듯, 전쟁도 언젠
가는 끝날 운명일 테지만, 그럼에도 기어코 다시 반복된
다. 참으로 기이한 관계다. 한편으로, 우리는 '평화를 위해'
전쟁을 하는 것이지 결코 전쟁 자체를 위해 전쟁을 하지는
않는다. 아리스토텔레스도 말하지 않았던가. "그 누구도
전쟁을 위해 전쟁을 벌이거나, 일부러 전쟁을 준비하지는
않는다"라고.[1] 레몽 아롱Ramond Aron*도 아카데미 프랑세
즈 회원에게 주는 칼 위에 헤로도토스가 남긴 비슷한 문구
를 새겨 넣었다. "평화보다 전쟁을 더 좋아할 무분별한 사

---

* 프랑스의 사회학자이자 언론인으로도 활약한, 20세기를 대표하는 자유주의 우
  파 지식인.

람은 세상에 없다." 이 말은 곧 우리가 전쟁을 하는 이유는 언제나 폭력을 대가로 조금 더 확실하고 항구적인 평화를 얻기 위해서라는 사실을 의미한다. 마치 평화가 전쟁의 유일한 목적이라도 되는 듯이 말이다. 하지만 다른 한편으로 평화는 앞으로 다가올 전쟁을 준비하는 기간, 병사들의 사기를 회복하고, 살상력이 강화된 막강한 군대를 재편성하는 평온의 시기, 두 학살 사이의 막간, 휴지기, 숨고르기에 불과할 때도 있다.

하지만 이러한 사실이 일반적인 진술로 받아들여지려면, 평화가 오로지 한 가지 의미만 지녀야 한다. 하지만 평화의 의미는 전쟁의 의미만큼이나 모호하고 다채롭다. 역사적으로 헤아리기 힘들 정도로 무수히 많은 평화가 존재했고, 저마다 특수한 양태를 띠었다. 그 가운데 몇 가지를 소개해보자.

먼저 가장 냉소적(만일 우리가 블랙 유머를 좋아한다면)이면서도 가장 비관적인 형태의 평화는 라이프니츠와 칸트가 말한 '공동묘지의 평화'다. 전쟁은 인류와 지극히 불가분의 관계이기 때문에 오로지 **타나토스***의 깊은 심연에서만 각자가 완전한 평온에 이를 수 있다는 견해다. 죽은 자들은 더 이상 싸우지 않는다. 그런 의미에서 전쟁은 시민들을 서둘러 죽음으로 이끄는 위대한 평화의 생산자다.

한편 그보다 덜 급진적인 평화는 이른바 '군사력으로 무장한armée' 평화다. 소위 '무장 평화'란 최소 세 가지 의미로 해석해볼 수 있다. 첫째, 평화가 전쟁에서 '자양분을 제공받는다'는 의미를 지니는 경우다. 전쟁은 새로운 양식이나 물적 생산 혹은 사회조직의 모태를 이루는 일종의 실험소 역할을 한다. 전시에 발명된 수많은 것들은 평화 시에 비로소 더 널리 발전해, 꽃을 피우고, 가지를 뻗어나간다. 마르크스도 이러한 생각에 깊은 영향을 받아 다음과 같은 글을 남겼다. "물적 생산의 새로운 양식은 전시에 개발되어, 평화 시에 널리 발전한다."[2] 특히 《자본》의 저자가 주목했던 부분은 위급한 전시 상황이 계기가 되어 발전한 각종 산업생산 방식과 과학적 혁신(산업현장의 노동 속도, 약물 치료 등)이었다. 하지만 우리는 이러한 견해를 조금 더 확장해볼 수 있다. 전쟁은 단순히 전시에 군사적 긴급성에 의해 신

* 프로이트의 정신분석학에서 '죽음의 본능'을 가리키는 용어.

그런다며 무슨 평화를 위한 전쟁인가…

속한 실험과 테스트를 거친 수많은 기술적 혁신만이 아니라, 사회 조직·대인 감시·정신 교육 등에도 커다란 영향을 미쳤다. 사실상 '대규모' 작전 차원에서 선전술이 처음 등장한 것은 1917년 미국이 세계대전에 참전하기로 결정하면서 국민을 상대로 전쟁을 '세일즈'해야 했을 때가 아니었던가?³

다음으로 첫 번째 장에서 앞서 살펴본 것과 같은, 두 번째 의미에서의 '무장 평화'도 있다. 과거 냉전(1947~1989)에 이은 '글로벌 전쟁'(2001~2021)의 일환으로 '안정화' 작전, 다시 말해 여러 서구 강대국들이 지도자(테러조직을 지원한다고 의심받는 억압적이고 부패한 독재자)를 축출할 목적으로 '개입'했던 영토들에 대한 안정화가 수행되면서, 언제든 깨어질 수 있는 취약한 평화가 가까스로 지속됐다. 이러한 평화는 사실상 전쟁 그 자체(테러, 매복, 급습)보다 훨씬 더 많은 살상을 초래했다. 결국 이러한 평화는 끝없는 협박과 무력에 의해 **유지**되는 평화라고 할 수 있다.

마지막으로 우리는 조금 더 광범위한 의미에서 모든 평화가 언제나 무력 평화에 해당한다고도 말할 수도 있다. 가령 클라우제비츠의 말을 뒤집어보면, 정치란 다른 수단에 의한 전쟁의 지속인 셈이다. 내부의 평화, 공공질서는 언제든 사라질 수 있는 헛된 신기루, 외부와의 전쟁은 끔찍한 교란작전에 불과하다. 사실상 각국의 내부에서 은밀하고도 교활하게 벌어지고 있는 진정한 전쟁은 바로 내부의 평화 속에서 소수가 자국민을 상대로 벌이는 전쟁이다. 노골적인 독재국가, 무늬뿐인 민주주의 국가가 추구하는 무장 평화는 경찰력, 조세제도, 노동, 사유재산에 관한 법률 등을 동원해 소수가 다수에게 강요하는 평화를 의미한다. 앞서 이븐 할둔이《이바르의 책》[4]에서, 그리고 훗날 루소도《인간 불평등 기원론》의 후반부에서 폭로한 바와 같이, 국가조직의 이면에 감춰진 끔직한 비밀은 호전적인(다시 말해 금융, 사법, 산업, 공권력 등의 무기로 단단히 무장한) 소수가 자신의 민중을 상대로 은밀하고도 지속적으로 전쟁을 벌이고 있다는 사실이다. 그런가 하면 외부와의 전쟁은 국가가 소수의 이익을 위해 조직된 무장 평화를 한층 더 강화하거나, 혹은 무장 평화의 이면에 감춰진 근본적인 갈등, 이른바 마르크스가 '계급투쟁'이라고 부른 것을 은폐하기 위한 수단에 불과하다고 말할 수 있다.

***

하지만 우리가 기대해야 할 평화란, 다시 말해 합리적인 철학이 토대로 삼아야 할 평화란, 무장 평화나 공동묘지의 평화보다는 훨씬 더 희망에 찬, 조금 더 진실 어린 평화여야 하지 않을까. 물론 역사의 종말을 의미하는 지복천년의 평화, 불순분자들을 정화할 참혹한 '최후의' 대전쟁을 통해 실현될 그런 평회도 결코 우리가 추구해야 할 평화는 아닐 것이다. 오히려 우리는 그보다 신비주의적인 성격이 적은 두 가지 종류의 평화를 제안해볼 수 있다. 그러려면 먼저 전쟁이 언제나 칸트가 말한 의미에서 반공화주의적이고, 스피노자가 말한 의미에서 반민주주의적이라는 사실을 기억할 필요가 있다.

먼저 칸트는 《영구평화론》 제1확정조항에서 다음과 같은 주장을 강력히 옹호했다. 요컨대, 군주, 위정자, 국가는 스스로를 민중의 '주인'이라고 생각하는 순간, 우리가 앞서 지적한 논리대로 결국 민중을 착취하려 들 것이라는 주장이다. 가령 개인적인 야망을 충족하기 위해 민중을 희생하거나, 변화하는 정세에 맞춰 제멋대로 민중을 이용하는 식으로 말이다. 만일 민중이 직접 제 손에 결정권을 쥐고 있었다면 그토록 쉽게 '스스로 막대한 피해를 자초할 수 있는 참혹한 전쟁을 선포'[5]하는 일은 결코 없었을 것이다. 적어도 자신의 안위가 걸린 문제만 아니라면 말이다. 우리의 논리는 간단하다. 공화국은 오로지 자신을 보호하기 위해서만 전쟁을 한다. 따라서 모든 국가가 공화국이라면, 어떤 나라도 다른 나라의 침략을 걱정할 필요가 없다. 그런 의미에서 모든 국가의 내부 체계가 점진적으로 진정한 공화주의 체제로 변모해나간다면, 결국 우리는 언젠가 평화의 길에 이를 수 있다.

평화는 공화주의 체제에 의해 조직되지만, 그럼에도 인류에 지극히 '적합'한 상태에 해당한다고 말할 수 있다. 사실상 평화는, 이번에는 스피노자가 말한 의미에서, 철저히 '자연적'인 성격을 띠기 때문이다. 평화는 자연적인 것이고, 그런 의미에서 전쟁을 일으키는 모든 것은 자연의 결핍을 의미한다. 이러한 사실을 제대로 이해할 수 있으려면, 국가 간 전쟁이 안타깝게도 철저히 본능적인 것이어서 항구적인 평화를 조성하기 위해서는 문화의 힘과 노력이 필요하다는 기존의 시각에서 탈피할 필요가 있다. 물론 호전적인 자연 대 평화적인 문화라는 대립 구도는 수많은 교육적인 효과를 가져다줄 수 있다. 그럼에도 평화란 개념을 이해하는 데는 전혀 도움이 되지 않는다. 스피노자의 통찰력을 빌리자면, 그것은 너무나도 빈약한 개념에 불과하다. 오히려 우리는 일정한 사물(말하자면 모든 문화적·도시적 영향을 탈피한, 즉 본래 주어진 생득적 성격으로서의 자연을 의미한다. 조금 더 거칠게 말하면 시골, 야생이라도 볼 수 있다)이 현존하는 방식과는 다른 차원에서 자연을 이해해야 한다. 사실상 자연은 최종적으로는 일종의 조합능력 그리고 완성원리를 의미한다. 가령 피아니스트의 **자연스러운** 연주는 피아노의 완벽한 선율을 빚어내는 능숙한 손가락의 움직임을 뜻한다. 그리고 각자의 가장 자연적인 특징은, 자신의 고유한 역량이 최고점에 도달한 분야를 가리킨다. 눈치챘겠지만 자연은 결코 학습, 교육, 규율을 배제하지 않는다. 이러한 것들은 모두 자연을 완성하기 위한 수많은 도구에 해당한다.

자연이란 근본적으로 모든 역량이 **올바른 소리를 내고**, 역동적으로 움직이며, 완벽한 조합을 형성하는 것을 뜻한다. 그런 의미에서 스피노자는 훌륭한 법과 엄격한 교육,

공정한 사법정의를 통해 국가가 충분히 인간들 사이에 '자연적인 성질'을 부여할 수 있다고 생각했다. 자연스럽게 인간들 사이에 우호와 상호협력의 양식을 불어넣고, 사회적 화합에 이르도록 만들 수 있다고 여겼다. 바로 그런 이유에서 민주주의는 가장 자연적인 정치체제이며, 전쟁은 반민주주의적이라는 견해를 도출할 수 있다. 사실상 전쟁은 자연의 완성을 증언해줄, 여러 역량의 조화로운 조합을 저해하고 가로막는 역할을 한다.

하지만 이러한 연대적 조합을 **국가 사이에** 구축하기란 상당히 어려운 일이다. 국가 차원에서 자연의 기적을 실현하기란 매우 어렵기만 하다. 다시 한번 말하지만, 자연은 결코 한 존재의 완결 원리가 아니다. 자연은 자신의 완성에서 **결여된 부분**을 내포한다. 그런 의미에서 국가가 서로 전쟁을 벌이는 것은 국가들 사이에 **자연이 결여되어 있기** 때문이다. 다시 말해 가련한 인간들의 이해타산, 치졸한 야망, 빈약한 상상력이 빚어낸 오판 등이 지나치게 많이 자리하고 있기 때문이다. 사실상 우리를 평화의 길에 이르지 못하게 가로막는 가장 큰 걸림돌은 증오심, 잘못된 복수심, 두려움, 심술궂은 교만함이라는 인류의 문화다. 왜냐하면 평화란 언제나 부정적 감정들을 이겨낸 환희의 승리를 의미하기 때문이다.

들어가며: 이번에는 '진짜' 전쟁이다

1 T. Snyder, *Terres de sang*(2010), trad. P.E. Dauzet, Gallimard, 2012.

2 이 3대 요소는 전작 *Etats de violence*(Gallimard, 2006)에서도 이미 기술한 바 있다.

3 콜린 파월 장군이 서구가 새로운 종류의 군사개입에 나서야 할 필요성을 보여주기 위해 동원한 표현과 이론들이다. 그는 전쟁을 승리로 이끌기 위해, 초현대식 기술을 사용해 적군이 아예 전투를 치를 수도 없을 정도로 철저히 마비시켜야 한다고 주장했다.

4 Alberico Gentili, *De jure belli*(1597) : 'Armorum publicorum justa contentio est', (livre I, chap. II).

1장: 정말 전쟁은 '귀환'했는가?

1 E. Luard, *The Blunted Sword. The Erosion of Military Power in Modern World Politics*, London, Tauris, 1988; J. Mueller, *The Obsolescence of Major War*, New York, Basic Books, 1988; M. Kaldor, *New and Old War*, Palo Alto, Standford University Press, 1998; H. Münkler, *les Guerres nouvelles*, trad. C. Obétais, Alvik, 2003; F. Gros, *Etats de violence. Essai sur la fin de la guerre*, Gallimard, 2006.

2 *Dictionnaire de Trévoux*, 1704-1771.

3 Kant, *Doctrine du droit*, II, ∬56, trad. J. O. Masson, in *Oeuvres philosophiques III*, Gallimard, 1986, p. 619.

4 C. Le Borgne, *La guerre est morte*, Grasset, 1987.

5 G. H. Soutou, *La Guerre de cinquante ans*(1943-1990), Fayard, 2001 ; A. Fontaine, *Histoire de la guerre froide*, Le Seuil, 1983.

6 R. Trinquier, *La Guerre moderne*(1961), Economica, 2008.

7 F. Fukuyama, *La Fin de l'histoire et le dernier homme*(1992), trad. D.A. Canal, Flammarion, 1993. 한국어판은 《역사의 종말》(한마음사, 1997).

8 M. Hecker, E. Tenenbaum, *La Guerre de vingt ans*, Robert Laffont, 2021.

9 C. Schmitt, *Théorie du partisan*(1962), trad. M.L. Steinhauser, Flammarion, 1992, p. 234-235. 한국어판은 《파르티잔 이론》(인간사랑, 1990).

10 Cf. 이 이론에 대해서는 다음 저서 참고. *La Guerre de vingt ans*, 앞의 책, p.143 이하.

11 로널드 레이건이 리비아와 관련해 처음 사용한 용어로, 미국의 국익과 집단 안보를 위협하는 부패한 반민주주의 국가를 지칭한다. 자크 데리다가 *Voyous*(Galilée, 2003)에서 이 용어를 철학적으로 분석했다.

12 P. Hassner, *La Terreur et l'Empire. La violence et la paix*, 2권. Le Seuil, 2003.

13 그 역시 데이빗 갈룰라D. Galula의 *Contre-insurrection*(1963)(trad. P. de Maintenon, Economica, 2008)에 제시된 이론들을 활용한 것임.

14 R. Marchal & P. Hassner (dir.), *Guerres et sociétés. Etat et violence après la guerre froide*, Karthala, 2003, p.7.

15 다음의 저서를 읽고 정리한 내용임. H. Bozarslan, *Le Temps des monstres*, La Découverte, 2022; P.J. Luizard, *Le Piège Daech*, La Découverte, 2015; *Les Racines du chaos*, Tallandier, 2022; J.P. Filiu, *L'Apocalypse dans l'Islam*, Fayard, 2008; *Le Milieu des mondes*, Le Seuil, 2021; G. Kepel, *Sortir du chaos*, Gallimard, 2018.

2장: 영웅정신과 야만성

1 "Per fare la guerra con successo, tre cose sono assolutamente necessarie : primo, il denaro, secondo il denaro, e terzo il denaro"

2 니체의 이론이다. "또 다른 것은 전쟁이다. 나는 기질상 호전적이다. 공격은 내 본능의 일부다. 적수가 되는 법을 아는 것, 적수가 된다는 것은 아마도 강한 본성을 전제한다. [⋯] 그것은 상대를 이기기 위한 저항을 필요로 한다. 그 결과 저항을 추구한다. 복수심과 원한이 약함과 연관되어 있듯, 공격적 파토스는 필연적으로 강함과 연관된다. [⋯] 공격자의 힘은 어느 정도 자신이 마주하는 적수에 의해 측정된다. 모든 성장은 적수를 찾는 데서 드러난다. [⋯] 대등한 적수를 이겨내야 한다. 대등하게 적수를 상대로 싸워야 한다 – 그것이 공명정대한 결투를 위한 첫 번째 조건이다. 상대를 경멸한다면, 결코 우리는 전쟁을 할 수 없다." *Ecce hommo*, 〈Pourquoi je suis si sage〉, trad. J.-C. Hémery, Gallimard, 1990, p. 108. 한국어판은《이 사람을 보라》.

3 Jean de Bueil, *Le Jouvencel*, Slatkine, 1996, 2권, p. 21.

4 Ernst Jünger, *La guerre comme expérience intérieure*, trad. F. Poncet, Christian Bourgeois, 1997, p. 90.

5 전체 내용은 M. Détienne의 글을 참조., 〈La phalange : problèmes et contro-verses〉, trad. J.P. Vernan:, *Problèmes de la guerre en Grèce ancienne*, Mouton, 1968.

6 Platon, *Apologie de Socrate*, 28d-29a. 한국어판은《소크라테스의 변론》.

7 Saint Thomas, *Somme théologique*, 제123문제, 제6절. 한국어판은《신학대전》.

8 "자신을 상대로 거둔 승리야말로 모든 승리 가운데 가장 훌륭하고 가장 영광스러운 승리다. 반면 자신의 무기에 스스로 무릎을 꿇는 패배는 가장 수치스럽고도 가장 비열한 패배다. 이 말은 곧 우리의 내면에서는 우리 자

신을 상대로 한 전쟁이 벌어지고 있다는 뜻이다." Platon, *Les Lois*, I, 626e, trad. Des Places, Les Belles Lettres, 1968, p. 4. 한국어판은《법률》.

9 "저 특수한 시스템들이 이러한 고립 상태 속에 뿌리내리고 고착화되게 하지 않으려면, 그리하여 모든 것이 해체되고, 정신이 증발하게 내버려두지 않으려면, 정부는 시시때때로 전쟁을 통해 그들의 긴밀한 관계를 흔들어 놓아야 한다. 전쟁을 통해 그들의 익숙해진 질서를 흐트러뜨리고, 독립에 대한 그들의 권리를 짓밟아야 한다. 그런 식으로 정부는, 이러한 질서에 빠져듦으로써 모든 것에서 분리되어 불가침한 대자존재(être-pour-soi)가 되기를, 개인의 안전을 염원하는 개인들에게, 이런 강제된 작업을 통해 그들의 주인이 누구인지, 죽음이 무엇인지 느끼게 해줘야 한다." Hegel, *Phénoménologie de l'esprit*, trad. J. Hyppolite, II, Aubier, 1939-1941, p. 23. 한국어판은《정신현상학》.

10 피에르 세르방Pierre Servent은 저서 *Les Guerres modernes*(Buchet-chastel, 2009)에서 이 문제를 피하지 않고 정면으로 다루며, '폭력화'에 관해 저술한 장에서 여러 잔혹한 살상의 예를 언급했다.

11 다음 저서를 다시 참고할 것. *Etats de violence*, 앞의 책, 〈Forces morales〉.

3장: '정의로운' 전쟁이란 무엇인가?

1 A. Vanderpol, *La Doctrine scolastique du droit de guerre*, Pédone, 1925; P. Haggenmacher, *Grotius et la doctrine de la guerre juste*, Publications de l'Institut, 1983; M. Canto-Sperbe, *Le Bien, la guerre et la terreur*, Plon, 2005; T. Bernes, *La guerres des philosophes*, PUF, 2019.

2 Saint Ambroise, *De Officiis*, I, 36, 178.

3 Saint Augustin, *La Cité de Dieu*, XIX-7.

4 "사실상 전쟁에 참여하는 자의 권위가 적법하고, 명분이 정당할지라도, 의

도가 불순하면 전쟁은 불법적인 것이 될 수 있다." Saint Thomas, *Sommes théologiques*, II, II, 40, trad. V. Vergriette O. P., éd. du Cerf, 1957, p. 120.

5 F. de Vitoria, *Leçon sur le droit de guerre*, trad. M. Barbier, Dalloz, 1966, p. 124.

6 "카예탄은 전쟁이 정의로울 수 있으려면, 도덕적으로 승리를 확신할 수 있을 만큼 군주가 막강한 힘을 인정받아야 한다고 주장했다", F. Suarez, 〈De Bello〉, in *Vanderpol*, 앞의 책, p. 384.

7 "왕 혹은 왕에 버금가는 권한을 지닌 자는 오로지 자신과 자신의 백성이 입은 손해에 대해서만 처벌할 수 있는 권리를 누리는 게 아니다. 특별히 자신들에게는 손해를 끼치지 않았어도, 그 누구를 상대로든 자연이나 사람의 법을 과도하게 침해하며 피해를 입힌 자에 대해서도 처벌을 내릴 권한이 있다. 왜냐하면 징벌을 통해 인간 사회의 이익에 부응할 자유는 앞서 말한 것처럼 본래는 개인에게 있었지만, 국가와 사법기관이 확립된 이후로는 이들의 관할에 속하게 되었기 때문이다. 단순히 국가와 사법기관이 다른 이들을 지배하기 때문이 아니라, 국가와 사법기관이 그 누구에게도 복종할 의무가 없기 때문이다." *Le Droit de la guerre et de la paix*, livre II, XX, trad. P. Pradier-Fodéré, PUF, 2000, p. 490.

8 베스트팔렌 조약의 체결로 탄생한 신세계를 의미한다. 베스트팔렌 조약은 유럽에서 발생한 30년 전쟁에 종지부를 찍고, 서로 대등한 주권국으로 이뤄진 국제 시스템을 이루는 초석을 마련했다.

9 H. Grotius, *Le Droit de la guerre et de la paix*(1625); S. Pufendorf, *Le Droit de la nature et des gens*(1672)에 등장하는 표현.

10 E. de Vattel, *Le Droit des gens*(1758); C. Wolff *Principes du droit de la nature et des gens*(1758)에 등장하는 표현.

11 *Doctrine du droit*, II, §§57, trad. J. O. Masson; 앞의 책, p. 620.

12 M. Foucault, *Il faut défendre la société*, cours au Collège de France (1976) établi par A. Fontana, Gallimard-Le Seuil-Hautes Études, 1997, p. 43.

13 G. Duby, *Le Dimanche de Bouvines* (1973), Gallimard, 1985.

14 C. Bouton, ⟨L'histoire mondiale est le tribunal du monde⟩, in *Hegel penseur du droit*, CNRS Philosophie, 2004, p. 263-277.

15 *Projet de paix perpétuelle I-6* (1796), trad. J. Lefebvre, LGF, 2002, p. 337.

16 다음 저서 참고. *Etats de violence*; 앞의 책, ⟨Cadre juridique⟩.

4장: 국가는 전쟁을 만들고, 전쟁은 국가를 만든다

1 *Du contrat social*, 1권, 4장.

2 이러한 비유에 대해서는 다음의 저서 참고. J. Schangler, *Les métaphores de l'organisme*, Vrin, 1971.

3 이 이론들이 제1차 세계대전 발발을 자극하는 이념으로서 결정적인 역할을 했다. Cf. 이 점에 대해서는 다음의 책 참고. T. Lindemann, *Les Doctrines darwiniennes et la guerre de 14*, Economica, 2001.

4 *Ex captivitate salus*, trad. A. Doremus, Vrin, 2003.

5 이 유명한 정의는 다음의 책 인용. C. Schmit, *La Notion de politique*, M.L. Steinhauser, Flammarion, 1992. 한국어판은 《정치적인 것의 개념》(살림, 2012).

6 "스스로 커지지 않는 자는 다른 자가 커질 때 작아질 수밖에 없다. 물론 누군가는 '나는 지금의 상태에 만족해. 무엇을 더 바라지 않아'라고 충분히 말할 수 있다. [⋯] 이렇듯 끝없이 겸손한 겸허의 자세를 견지하는 국가는 때로는 상황이 유리하게 돌아가기를 기대해볼 수도 있겠지만, 또 때로는 다소 만만한 먹잇감이 되는 것을 받아들여야만 한다. 그래야만 그나마 겸허하게 만족하던 것들을 순식간에 잃어버리지 않을 수 있다. 또한 '나는 더 바라는 것이 없어'라는 말이 사실상 '나는 전혀 아무 것도 바라지 않아. 심지어 존재하기조차 바라지 않아'라는 말로 와전되는 것도 피할 수 있

다." J. Fichte, *Sur Machiavel écrivain*, trad. L. Ferry & A. Renaut, Payot, Payot, 1981.

7 "불순한 날씨의 본질은 한두 번 내리는 소나기가 아니다. 여러 날에 걸쳐 지속되는 경향이다. 전쟁의 본질도 마찬가지다. 전쟁의 본질은 실제 전투가 아니라, 전쟁이 일어나지 않을 것이라는 확신이 없는 동안에 지속되는 전쟁의 가능성이다. 한편 이런 기간의 반대가 바로 평화다. *Léviathan*, 13장, trad. G. Mairet, Gallimard, 2000, p. 224-225.

8 Hobbes, *Léviathan*, 13장, 앞의 책, p. 227.

9 "그런 쓰레기들을 국가에서 깨끗이 청소할 유일한 방법은 그들을 전쟁터로 내보내는 것이다. 전쟁은 일종의 장세척제처럼, 국가의 보편적인 몸에서 부패한 기질을 몰아내기 위해 반드시 필요하다. 적과의 전쟁은 백성들과 우호적인 관계를 유지해주는 수단이다." Jean Bodin, *Les Six Livres de la République*, livre V, chap. V, Fayard, «Corpus des oeuvres de philosophie en langue française», 1993.

10 Livre, III, XVI, *Discours sur la première décade de Tite-Live*, trad. T. Guiraudet, Flammarion, 1985, p. 292.

11 〈La Complainte de la paix〉(1517), in *Guerre et paix dans la pensée d'Erasme de Rotterdam*, éd. J.C. Margolin, Aubier-Montaigne, 1973.

12 그의 해석은 다음의 책 참고. *La Cité et l'Homme*(Biblio essais, 2003). 투키디데스의 대화는 *Histoire de la guerre du Péloponnèse* 5권, 105장 참고.

13 그들의 역할에 대해서는 다음의 책 참고. N. Loraux, *L'invention d'Athènes*, Mouton, 1981.

14 "군주는 다른 목적, 다른 생각은 지니지 말아야 한다. 전쟁 외에는 그 어떤 다른 기술도 선택하지 말아야 한다." *Le Prince*, 14장, trad. J.L. Fournel & M. Zancarini, PUF, 2000, p.131.

15 다시 다음 책 참고. *Etats de violence*, 앞의 책, 〈Enjeux politiques〉.

5장: 총력전의 개념

1 Paris: Nouvelle Librairie nationale.

2 *La Guerre totales*, trad. A. Pfannstrel, Flammarion, 1937.

3 *Stratégiques*, L'Herne, p. 613.

4 특히 다음의 책 참고. *Le Nomos de la terre* (1950), trad. L. Deroche-Gurcel, PUF, 2001.

5 Trad. M. de Launay & H. Plard, Gallimard, 1990.

6 *Discours sur la première décade de Tite-Live*, 2권, 13장, 위의 책, p. 175.

7 *Le Système totalitaire* (1951), trad. J. L. Bourget & R. Davreu & P. Lévy, Gallimard, 2005.

8 〈La question de la technique〉(1953), in *Essais et conférences*, trad. A. Préau, Gallimard, 1954.

9 다음 책에 담긴 내용. *De la guerre*, trad. D. Naville, Minuit, 1963.

10 다시 다음 책 참고. *Etats de violence*, 위의 책, 〈En finir〉.

6장: 왜 전쟁을 벌이는가?

1 K. Lorenz, *L'Agression* (1953), Flammarion, 2018.

2 다음의 저서와, 아인슈타인에게 보낸 서한문 참조. *Au-delà du principe de plaisir* (1920), trad. J.P. Lefèbvre, Seuil, 2014; *Pourquoi la guerre?*, 1932, trad. M. Crépon & M. de Launay, Fayard, 2010.

3 *Mensonge romantique et vérité romanesque*, Grasset, 1969.

4 일례로 다음 책 참조. J. P. Demoule, *Les dix millénaires oubliés qui ont fait l'historie*, Fayard, 2019.

5 하기 페이지 참조, p. 141-142.

6 *Guerre et paix dans la pensée d'Erasme de Rotterdam*, 위의 책, p. 117.

7 *Le Grand Echiquier*(1997), trad. M. Bessière& M. Herpe-Voslinsky, Fayard, 2011.

8 *Rhétorique*, 2권, 1378b.

나가며: 그렇다면 무슨 평화를 위한 전쟁인가⋯

1 *Ethique à Nicomaque*, 10권, 1177b7-12, trad. J. Tricot, Vrin(브랭), 1994, p. 511.

2 다음 책에 인용. K. Krosh, *Marxisme et contre-révolution*, Le Seuil, 1975, p. 230.

3 이 점에 대해서는 다음 책 참고. D. Colon, *Propagande*, Belin, 2019.

4 가브리엘 마르티네즈 그로(G. Martinez-Gros)가 다음 책에서 소개한 내용 참조. *Brève histoire des empires*, Le Seuil, 2014.

5 Kant, *Projet de paix perpétuelle*(1795), trad. J.J. Barrère & C. Roche, Nathan, 1991.

왜
전쟁
인가
?

초판 1쇄 발행 2024년 2월 22일

지은이 프레데리크 그로
옮긴이 허보미

펴낸이 김준성
펴낸곳 책세상
등록 1975년 5월 21일 제2017-000226호
주소 서울시 마포구 동교로23길 27, 3층(03992)
전화 02-704-1251 **팩스** 02-719-1258
이메일 editor@chaeksesang.com
광고·제휴 문의 creator@chaeksesang.com
홈페이지 chaeksesang.com
페이스북 /chaeksesang **트위터** @chaeksesang
인스타그램 @chaeksesang **네이버포스트** bkworldpub

ISBN 979-11-7131-108-8 03190